कविता की
समकालीन संवेदना

कविता की समकालीन संवेदना

व्यास मणि त्रिपाठी

वाणी प्रकाशन

सजिल्द प्रथम संस्करण : 2023

वाणी प्रकाशन

4695, 21-ए, दरियागंज, नयी दिल्ली-110 002

फ़ोन : +91 11 23273167 फ़ैक्स : +91 11 23275710

शाखाएँ

अशोक राजपथ, पटना-800 004, बिहार

कॉफ़ी हाउस कैम्पस, महात्मा गांधी मार्ग, इलाहाबाद-211 001, उत्तर प्रदेश

महात्मा गांधी अन्तरराष्ट्रीय हिन्दी विश्वविद्यालय, वर्धा-442 001, महाराष्ट्र

36/ए, शेक्सपियर सरणी, रानी बिरला गर्ल्स कॉलेज के पास, कोलकाता-700 017, प. बंगाल

www.vaniprakashan.com
marketing@vaniprakashan.in
sales@vaniprakashan.in

Kavita ki Samkaleen Samvedana
by Vyas Mani Tripathi

ISBN : 978-93-5775-058-5
Criticism

मूल्य : ₹ 450

आर. टेक ऑफ़सेट प्रिंटर्स, दिल्ली-110 032 में मुद्रित

वाणी प्रकाशन का लोगो मक़बूल फ़िदा हुसेन की कूची से

दो शब्द

उच्च प्रौद्योगिकी एवं सूचना-संचार ने सम्पूर्ण जगत को एक 'विश्व ग्राम' यानी 'ग्लोबल विलेज' में भले ही बदल दिया है लेकिन इसी ने 'मनुष्य' और 'मनुष्यता' की अन्तहीन दुर्दशा भी की है। वणिक् मानसिकता से मानवीय सम्बन्धों की रागात्मकता में जहाँ एक ओर शुष्कता और संवेदनहीनता की स्थिति पैदा हुई है तो दूसरी ओर व्यवस्था की खामियों ने जीना दूभर कर दिया है। कहीं बचपन बाजार में नीलाम होने के लिए अभिशप्त है तो कहीं जवान जिस्म पर गिद्ध-दृष्टि है। कहीं खेल-कूद की उम्र में बुधिया लुगदी गादी बीनती है तो कहीं दामिनी बलात्कार का शिकार होती है। कहीं कागज-कलम पकड़ने वाले कोमल करों में फावड़ा-कुदाल है तो कहीं गुड्डे-गुड़ियों से खेलने वाले हाथों में माँजने के लिए जूठी प्लेटे हैं। कहीं बचपन सिसकता है तो कहीं जवानी में बुढ़ापा दिखता है। अभाव और असमंजस, दुविधा और दुश्चिन्ता ने आम आदमी को जहाँ सतत संकटग्रस्त किया है तो वहीं अहमन्यता और अभिमान में डूबे धनपशुओं की चाँदी-ही-चाँदी है। लोभ, लालच, स्वार्थ और ईर्ष्या-द्वेष ने वातावरण को अराजक और अमानवीय बनाया है तो हिंसा और आतंक मनुष्यता के लिए खतरा है। कविता का यही समकाल है। इसी समकालीनता से कवि जूझता है, टकराता है। कोई रात की मौजूदगी में घबराये हुए शब्दों को लेकर चिन्तित है तो कोई लकड़बग्घे की हँसी से आक्रान्त है। कोई बाजार की माया से दु:खी है तो कोई अपने होने को लेकर ही सशंकित है। किसी को घास में बर्छे उगे होने का सन्देह है तो किसी को जीभ लपलपाते दिन की भयावहता का बोध है। यही कारण है कि जीवन में व्याप्त निराशा, उदासी, ऊब-घुटन-टूटन, भय, संत्रास, पीड़ा, अन्याय, अत्याचार आदि की मौजूदगी से कविता भाराक्रान्त है। अँधेरे के घटाटोप में उसे मनुष्यता के उज्ज्वल पक्ष की तलाश है। इसीलिए उसमें प्रतिरोध का स्वर है, व्यंग्य और विरोध की मुखरता है, भविष्यद्रष्टा की आशावादिता है।

कविता की समकालीन संवेदना की अभिव्यक्ति में प्रश्नों की बड़ी भूमिका है। प्रश्न समय से है, जीवन से है, समाज से है और सबसे अधिक प्रश्न राजनीति के

झंडाबरदारों से है। इसका कारण यह है कि आज के इस खतरनाक और भयावह समय में लोग चुप्पी साधे हैं। सूचना के विस्फोट काल में जब कुछ भी निजी और गुप्त नहीं हैं तब भी लोग अन्याय और अत्याचार के विरुद्ध चुप हैं। खून के छीटों से भरे सफेद घोड़े द्वारा गाँवों को रौंदे जाने पर भी उसे कोई रोकने वाला नहीं है। समकालीन कवि को यह बात अखरती है और वह पूछता है कि इस कुकृत्य पर आखिर मोहल्ला और दुनिया चुप क्यों है? आज का कवि आदिकवि की तरह शाप नहीं दे सकता लेकिन विरोध के लिए उकसाने का कार्य अवश्य करता है। वाल्मीकि की करुण संवेदना के मूल में क्रोध और विरोध ही था। कविता की समकालीन संवेदना में भी क्रोध और विरोध है लेकिन वहाँ शाप का विधान था और यहाँ संघर्ष का। समकालीन कविता अपनी संवेदना में जूझने और संघर्ष करने की प्रेरणा वाली कविता है।

यों तो हर काल और परिवेश में कविता की भूमिका वाद-विवाद और संवाद के घेरे में रही है किन्तु क्षण-क्षण बदलती दुनिया और परिवेश के इस ह्रासोन्मुख संवेदनशीलता वाले भयावह समय में उसे और भी अधिक चुनौतियों का सामना करना पड़ रहा है। कविता के केन्द्र में भले ही मनुष्य है लेकिन विडम्बना यह है कि आज मनुष्य के केन्द्र में कविता नहीं है। कविता को बौद्धिक विलास मानकर उसके महत्त्व को नकारने वाले अगर बहुत हैं तो भौतिकता की अंधी सुरंग में दौड़ लगाकर हर चीज में 'फायदा' खोजने वाली मानसिकता में भी कविता के लिए कोई स्थान नहीं बचा है। यही कारण है कि समकालीन कवि को बार-बार कविता की ताकत का एहसास कराना पड़ रहा है। उसे यह कहना पड़ रहा है कि कविता हर उस आँख की दरख्वास्त है जिसमें आँसू है। कविता पर मँडराते संकट के बारे में उसे आश्वासन देना जरूरी लगता है कि अँधेरे में चिड़ियों की तरह चहचहाती और गूँजती रहेंगी कवितायें। किसी को पृथ्वी की बसन्ती आँख से देखे हुए सपने को कहने की इच्छा जागती है तो किसी को राजनीति के धूल-धक्कड़ के बीच कलम की हिफाजत से होने का भरोसा देना पड़ता है। यह सब इसलिए कि कविता मानवीय उदात्तता की संवेदनशील आकांक्षा की अभिव्यक्ति का सबसे सशक्त माध्यम है। कविता की समकालीन संवेदना में यह आकांक्षा सर्वाधिक मुखरित है।

इस पुस्तक के प्रकाशन में रुचि लेने के लिए श्री अरुण माहेश्वरी जी के प्रति हार्दिक आभार।

महाशिवरात्रि

फरवरी 2023

व्यास मणि त्रिपाठी

अनुक्रम

रामदरश मिश्र : अनुभव की बहुरंगी और आत्मीय दुनिया

छायावादोत्तर विभिन्न काव्यान्दोलनों के तीव्र प्रवाह में बहे बगैर अपनी जमीन से जुड़े रहकर नित नवीन पथ का संधान रामदरश मिश्र की कविता के परिसर को व्यापक और बहुआयामी बनाता है। छायावादी संस्कार वाला मिश्र जी का आरम्भिक भावुक मन प्रकृति की छवि से लेकर मानवीय सुषमा तक उड़ान भरता हुआ जब मार्क्सवादी दृष्टि से संवलित होता है तब वह प्रयोगवादी काल-खण्ड में भी जीवन-बोध की रचनायें करता है। व्यष्टि से लेकर समष्टि के सुख-दुख और अभाव की पीड़ा से लेकर संघर्ष के उल्लास तक को अपनी कविता का विषय बनाता है। नयी कविता को परिवेश के अनुभव का सेतु मानते हुए गाँव, कस्बा अथवा शहर के जिये हर क्षण पर अपनी संवेदनात्मक दृष्टि टिकाता है। विचारों के विदेशी चिथड़ों से बना आधुनिकता का कोट पहनने की अपेक्षा अपनी ठाठ फकीरी को सर्वोत्तम मानता है। अन्तर्राष्ट्रीय चेतना का साहित्यकार कहलाने की दौड़ में गमले का फूल बन जाने के खतरे से परिचित वह अपने को खास जमीन में उगा हुआ पेड़ कहता है—"मैं गमले का फूल तो नहीं/कि एक सुरक्षित कमरे से/दूसरे कमरे में रख दिया जाऊँ/मैं तो पेड़ हूँ एक खास जमीन में उगा हुआ।" (रामदरश मिश्र रचनावली, पृष्ठ v)। मिश्र जी पर क्षेत्रीयता, देशीयता अथवा सतही होने का आरोप लगे तो लगे लेकिन उन्हें अपनी इस जमीन को छोड़कर पराये आकाश में टँगना स्वीकार्य नहीं है। दूर सागर पर भटकना अथवा चिकने पत्थरों के बीच जी सकना उनके लिए कठिन है और इसीलिए वे अपनी खास जमीन पर अक्सर लौट आते हैं—"यह धूल/यह रेत/ये खेत/ये कच्चे रास्ते/ये मिट्टी के मकान/मुझसे लिपटकर मुझे गन्दा कर देते हैं/लेकिन इनसे छूटकर/चिकने पत्थरों के बीच कब तक जी सकता हूँ/लौट आया हूँ मेरे देश/तुम्हारी मैली पगडंडियों से तुम्हारे पास।" (वही, पृष्ठ x)। कहना न होगा कि इसी

जमीन ने मिश्र जी को अनुभव की बहुरंगी और आत्मीय दुनिया प्रदान की है जिससे संश्लिष्ट सामाजिक जीवन की सर्वाधिक सक्षम कलात्मक अभिव्यक्ति सम्भव हुई है।

रामदरश मिश्र की कविता समय-साहचर्य की उपज है। वह विभिन्न आन्दोलनों के झंडे के नीचे नहीं आयी लेकिन समय के साथ गतिमान होती हुई नये-नये अनुभवों, मूल्यों, प्रश्नों और शिल्पगत मुहावरों से सहज जुड़ती हुई अपनी जमीन और मानवतावादी दृष्टि से खिसके बिना परिवर्तन की नवता को अपने में आत्मसात करती रही। यही कारण है कि 'पथ के गीत' से लेकर 'दिन एक नदी बन गया' तक की यात्रा में उनकी कविता नये-नये रंग धारण करती गई है। उनका हर काव्य-संग्रह दूसरे से कहीं न कहीं भिन्न है तो इसका कारण बदलता हुआ समय, बदलता हुआ अनुभव और बदलती हुई समझ है। इसीलिए उनके पास जीवन के ठोस और वैविध्यपूर्ण अनुभवों का एक भरा-पूरा संसार है। जिसमें एक ओर भाव-संवेदनों के शीतल और पारदर्शी निर्झर हैं तो दूसरी ओर विचार और विवेक के उन्नत शिखर। एक ओर कल्पना की उड़ान के लिए उन्मुक्त आकाश है तो दूसरी ओर यथार्थ के मरूस्थल का दुर्गम विस्तार। एक ओर प्रकृति का मनोहर संसार है तो दूसरी ओर मानव-मन की जटिलता का पारावार। मिश्र जी की काव्य-चेतना का वस्तु-जगत धीरे-धीरे मनस्तत्व की ओर गतिमान हुआ है तो इसमें भी समय की बदलती धारा की ही भूमिका है।

मिश्र जी की कविता का आरम्भिक चरण भावावेग की कविताओं का है। जिसमें सौन्दर्य के प्रति आकर्षण, रोमांस, कौतूहल, जिज्ञासा और प्रश्नाकुलता की भरमार है। छायावादी कवियों की भाँति अतिशय कल्पनाशीलता और वायवीयता भी है। वैसे तो 'बैरंग बेनाम चिट्ठियाँ' 'पक गई है धूप' 'कंधे पर सूरज' तथा 'दिन एक नदी बन गया' जैसे काव्य-संग्रहों में भी प्रकृति विविध रूपों में उपस्थित है लेकिन उसके प्रति कौतूहल और जिज्ञासा का जो भाव उनके प्रथम काव्य-संग्रह 'पथ के गीत' में है वैसा उनमें नहीं है। मिश्र जी की कविता की यही विशेषता उन्हें छायावादी कवियों के सन्निकट लाती है। प्रसाद, पंत, निराला और महादेवी की भाँति उस पार के संसार के बारे में जानने की अभिलाषा उनमें भी जगाती है—

दूर पर्वत-पंथ पर जब साँझ घिरती धूल से भर
दिवस ढल जाता वनों में चीड़ के तरू पात मरमर
पूछता तब मैं स्वयं से पंथ के उस पार क्या है?
मूक चोटी से निरन्तर झर रहा है एक निर्झर

इन निराशा के क्षणों में पंथ मिल जाता न वन में
नव किरण की राह सी तब कौन छा जाती नयन में।।''

(वही, पृष्ठ 9)

'पथ के गीत' का आरम्भ 'चल रहा हूँ' शीर्षक गीत से हुआ हैजिससे यह ध्वनित है कि चलना ही जिन्दगी है। मिश्र जी को विश्वास है कि उर्मियों के बन्धनों में भी निरंतर बढ़ने से ही युग का जागरण गतिमान होगा। कहना न होगा कि उनकी काव्य-चेतना का यह एक महत्त्वपूर्ण प्रस्थानक है जिसे लेकर वे अपनी काव्य-यात्रा के हर मोड़ पर विद्यमान रहते हैं। इससे ही निराशा में आशा और अनास्था में आस्था की किरण जगमगाती दिखाई देती है। जीवन को एक पहेली मानते हुए भी मिश्र जी अन्य चिन्तकों, दार्शनिकों, तत्वज्ञानियों की भाँति उसका रहस्यावरण भेदने की अपेक्षा जीवन-संघर्ष तथा अविराम कर्म-साधना पथ पर बढ़ते रहने को ही महत्त्व देते हैं। इसे ही वे 'जिन्दगी' के रूप में परिभाषित भी करते हैं। उनका मानना है कि तूफानों से लड़ने वाला जीवन कभी हारता नहीं है। इसी विश्वास से वे फूल अथवा शूल की परवाह किये बगैर अपने पॉव आगे बढ़ाते रहे हैं -

''रेत पर लिखता गया हूँ मौन अन्तर की कहानी
घाटियों में सो रहा रव बाँध झंझा की जवानी
राह पर चलना अगर तो प्रीति क्या है भीति क्या है?
फूल हो या शूल हो मैं पाँव धरता जा रहा हूँ''

(वही, पृष्ठ 5)

'जिन्दगी की राह पर', 'अभय जीवन', 'जीवन कभी न हारा', 'सबने जीवन को दान दिया' आदि कविताओं में जीवन की जिस संघर्षशीलता को उभारा गया है उसमें अनुभूत सत्य ही अधिक है। जीवन के बारे में सोचने की दृष्टि मिश्र जी को उनके परिवेश के जीवन से ही प्राप्त हुई है। जाहिर है उनका आरम्भिक जीवन, दुःख, अवसाद, अभाव और गरीबी का रहा है। पग-पग पर उन्हें विघ्न-बाधाओं तथा समस्याओं और कठिनाइयों का सामना करना पड़ा है लेकिन उनका जुझारू मन संघर्ष-पथ पर आगे बढ़ते हुए उन सबको अपने अनुकूल बनाने में सफल हुआ है—

''सघर्षों का जीवन मेरा, पुण्य न जाना पाप न जाना
पथ पर शूल मिले अनजाने, मैंने छूकर फूल बनाया
जिसको तुम सागर कहते हो, मैंने हँसकर कूल बनाया
तट पर मौन खड़े रहने वालों क्या जानो जीवन क्या है?

जिस पग को तुम समझ न पाये उसको मेरी भूल बनाया
मैंने तो चलने के पथ पर प्रतिक्षण प्रति स्वर को अपनाया
किरणों में वरदान, तिमिर के चरणों में अभिशाप न जाना।''

(वही, पृष्ठ 77)

रामदरश मिश्र की कविता का सीधा सम्बन्ध जीवन से है—खासकर सामाजिक जीवन से। सामाजिक जीवन-यथार्थ और उसके मूल्यों में उनकी गहरी आस्था रही है। समता मूलक समाज की स्थापना और वर्ग-भेद मिटाने की आकांक्षा से प्रेरित होकर ही उन्होंने मार्क्सवाद की ओर अपना झुकाव किया। वहाँ से ऊर्जा ग्रहण की लेकिन उसे उपजीव्य नहीं बनाया बल्कि जीवन को समझने की एक दृष्टि के रूप में अपने चिन्तन में शामिल किया। चूँकि उन्होंने मार्क्सवादी दर्शन को वस्तु के रूप में नहीं बल्कि अन्तर्दृष्टि के रूप में अपनाया इसीलिए उनकी कविता पर मार्क्सवाद कभी हावी नहीं हुआ—"मैं मार्क्सवादी हूँ किन्तु मार्क्सवाद दृष्टि बनकर जीवन को देखने—समझने में मेरी मदद करता है, वह विचारधारा के रूप में मेरी कविता पर लदता नहीं है। इसलिए मैं उससे आतंकित भी नहीं हूँ, उसमें कैद भी नही हूँ।" (रामदरश मिश्र रचनावली, खण्ड-ग्यारह पृष्ठ 231)। उनका यह भी मानना है कि कविता विचारों से नहीं अनुभवों से बनती है। अनुभवों के लिए मिश्र जी के पास गाँव से लेकर महानगर तक का परिवेश है। खेत-खलिहान, नदी-झरने से लेकर जिन्दगी की भागमभाग और आपाधापी का रेगिस्तान है। स्वाधीनता-प्राप्ति के लिए संघर्ष करते हुए मूल्यधर्मी समय से लेकर राजनीति से दूषित और जटिल होते गये समय तक फैला हुआ एक सुदीर्घ काल-बोध है। लोक-सम्पृक्ति के स्वरों में समाहित लोक-जीवन की विभिन्न छवियाँ हैं -

''पिछले पहरों में गूँज उठे खेतों में हलवाहों के स्वर
नीहार-जाल सा गया हमारा भिनसारे का स्वप्न बिखर
बज उठी घंटियाँ बैलों की, भींगी निशि में भैरवी जगी
मेरे तंद्रिल सपनों में भी वे ही स्वर काँप रहे थर-थर
ढल रहा याद ज्यों अलस चाँद, बीते वियोग की व्यथा लिए
चक्की के स्वर पर काँप रहा यह ग्राम-वधू का करूण गीत
खुल पड़ा चाँदनी का शतदल झर पड़ा सुरभि सा स्वर्ण शीत।"

(रचनावली, खण्ड-1, पृष्ठ 70)

रामदरश मिश्र की कविता लोक धर्मी है। लोक के विभिन्न तत्वों से उनकी कविता का संसार निर्मित हुआ है। यह बात अलग है कि नागार्जुन आदि प्रगतिशीलों

की भाँति उसका रंग प्रगाढ़ नहीं है। विस्तृति और अभिव्यक्ति की सपाटता भी नहीं है। मिश्र जी की कविता में लोक-जीवन और उसका संघर्ष अभिव्यक्ति की सूक्ष्मता लेकर आया है लेकिन उनकी कविता के भीतर प्रवेश करते ही पाठक उस जमीन को पा लेता है जिस पर कविता का भवन निर्मित हुआ है। जाहिर है मिश्र जी किसी आन्दोलन से न तो चिपके और न ही उसके प्रवर्तक बने। प्रवक्ता बनना भी उन्हें स्वीकार्य नहीं था। इसीलिए उनकी कविता में वह मुखरता नहीं है जो किसी आन्दोलन के झंडाबरदारों में रही है किन्तु इसका अर्थ यह कदापि नहीं है कि वे अपनी युगधारा से अप्रभावित रहे हैं। लोक की मौजूदगी नागार्जुन-केदार से कम रामदरश मिश्र के यहाँ भी नहीं है। लोक उनकी काव्य-यात्रा में सहयात्री है। वह उनकी काव्य-चेतना को खाद-पानी देता है। विचारों को संवेदनाओं से जोड़ने में मददगार बनता है। वह उनके लिए मुहावरों का खजाना जुटाता है। ऐसा इसलिए सम्भव हुआ है कि उनके जीवन का एक बड़ा लम्बा समय लोक-परिवेश में बीता है। खेती-किसानी, वर्षा-धूप में व्यतीत हुआ है। तीज-त्यौहार, होली-दिवाली की उत्सवता से सराबोर हुआ है। यही कारण है कि महानगर के बदलते परिवेश, बदलते प्रश्नों और मूल्यों तथा आपाधापी और भागमभाग के बीच उनका रचनाकार लोक जीवन से ऊर्जा और रस ग्रहण करता रहा है। लोक का आँचल ही छाया और विश्राम देता रहा है। उसकी स्मृति उन्हें उनके बचपन में पहुँचाती रही है—

''लगता है
अब भी मैं बच्चा हूँ
अपने गँवई गरीब मित्रों से खेल रहा
डूब रहा तीसी-सरसों के फूले वन में
धूसर सड़कों पर कुत्तों के संग लोट रहा
भागता मदरसे से छिप-छिपकर
भूख से तड़पते चेहरे अब भी ताजा हैं
सपनों में आते हैं मरे हुए मित्र अभी
लगता है अब भी मैं क्वाँरा हूँ
कस्तूरी मृग सा आकुल सौरभ के पीछे
हरसिंगार झरता है
हरकली महकती है
चाँदनी बरसती है
अब भी मन के भीतर।" (वही, पृष्ठ 131)

वातानुकूलित कमरों से झाँककर 'लोक' को अपनी कविता का विषय बनाने का जो फैशन चला है उसमें स्वाभाविकता, सहजता और विश्वसनीयता के लिए क्या उतनी ही सम्भावना होगी जितनी लोक को अपने में जीने से सम्भव है? जिसने भूसे की बछिया से गाय का पेन्हाना नहीं देखा होगा उसकी कल्पना में वह दृश्य उपस्थित कैसे होगा? और अगर अन्त: चक्षु से हो भी जाय तो क्या उसकी अभिव्यक्ति सक्षमता वैसी ही होगी जैसी मिश्र जी की कविता 'उपलब्धि' में सम्भव हुई है। 'पेन्हाने' और 'बिसुकने' शब्दों के माध्यम से उन्होंने जीवन की व्यर्थता की सटीक अभिव्यक्ति की है। यहाँ भूसे की बछिया का प्रयोग अदभुत है—

''भूसे की बछिया से
पेन्हाती हुई गाय सी मेरी रातें
अपने को निचोड़-निचोड़कर
कुछ और बिसुंक गईं।" (वही, पृष्ठ 122)

सर, सरिता, सिन्धु, बादल की जितनी और जिस रूप में आवृत्ति रामदरश मिश्र के यहाँ है उतनी और उस रूप में आवृत्ति उनके किसी अन्य समकालीन के यहाँ नहीं है। इसका कारण भी उनका 'लोक' से जुड़ाव ही है। 'लोक' के बिना रचना को सार्थक नहीं मानने वाले मिश्र जी के जीवन में नदी, नालों, ताल-तलैयों के लिए जो जगह है उसे उनकी रचनाओं में देखा जा सकता है। खेती-किसानी में जल की जो भूमिका है, जल से उत्पन्न जो समस्यायें हैं, अतिवृष्टि और अनावृष्टि की जो मार है उसे मिश्र जी ने आम आदमी की संवेदना से जोड़कर सामान्यीकृत कर दिया है। 'पानी के प्राचीर' और 'जल टूटता हुआ' उपन्यासों में भी उन्होंने जल और उससे सम्बन्धित विभिन्न समस्याओं को ही केन्द्र में रखा है। कछार-जीवन से जुड़े हुए उनके सुख-दुख के अनन्त अनुभवों के केन्द्र में जल भी है जिसके बारे में उनका स्वयं का कहना है—"पानी का भी मेरे लेखन में केन्द्रीय बिम्ब बन जाना अत्यन्त स्वाभाविक था। मेरा गाँव कछार में बसा है। जो दो-दो नदियों से घिरा है और जहाँ हर साल बाढ़ आती थी। नदियों के अतिरिक्त अनेक छोटे-बड़े नाले बहते रहे हैं। तमाम ताल-तलैया, गडढे, पोखर पानीमय होकर हमारे जीवन से जुड़े रहे हैं। बरसात में यह कछार आकाश से लेकर धरती तक पानीमय हो उठता था। पानी के अनेक रंग-रूप थे-मूसलाधार पानी, रिमझिम पानी, पखवारे तक लगातार बरसता पानी, उमस को चीरकर ठंडक की फुहार बन झरता पानी, लगातार बरसता हुआ नंगी देह में कंपन भरता पानी, खपरैलों से चूता पानी, फिर नदी में उफनता पानी, बाँध तोड़कर नदी नालों में फैलता पानी, फिर बाढ़ बनकर फसलों को निगलता पानी। पानी पानी

पानी....। यही पानी आँखों में पानी बन जाता था जिसमें प्रतिबिम्बित होने लगते थे कछार की भूख, अभाव, दरिद्रता, पीड़ा के कितने ही छिन्न-भिन्न चित्र।'' (वही, पृष्ठ XII)। यही कारण है कि उनकी रचना में पानी विभिन्न भूमिकाओं में दृश्यमान है।

'पावसगीत,—'सावन की साँझ', 'शरद के बादल', 'बादल चले जा रहे', 'बदरवा रे', 'बादल घेर घेर मत बरस' 'बादरवा बरसे', 'यायावर बादल', 'रात भर बारिश' आदि गीतों/कविताओं में रामदरश मिश्र ने वर्षा की विभिन्न छवियाँ तथा मुद्रायें अंकित की हैं। कहीं बादलों की कालिमा और भयंकरता डराने की भूमिका में है तो कहीं जेठ की तपती धरती को आशा बँधाने की भूमिका में। कहीं विरह की टीस बढ़ाने के लिए उनका उद्‌दीपन के रूप में चित्रण है तो कहीं तरू तृण लता गुल्म को नवजीवन देने के सन्दर्भ में उनका वर्णन हुआ है। 'बादल और सागर' शीर्षक गीत में आषाढ़ का पहला बादल समुद्र से तिरता हुआ भूभाग की ओर आते हुए सागर से पानी भर लेने का आग्रह करता है। इसके लिए वह जो कारण गिनाता है उससे धरती से अम्बर तक भीषण गर्मी की दारूण व्यथा-कथा तो व्यंजित होती ही है मानसून के पहले बादल से चराचर की अपेक्षा और आशा की पूर्णता का विधान भी रचता हुआ दृष्टिगत होता है—

''भरने दो पानी, भरने दो पानी
देख क्षितिज की ओर चिता सी जलती है प्यासी चिनगारी
जलते जीवित प्राण, मचलते धुएँ उठ रहे बारी-बारी
पश्चिम से पूरब तक झक-झक छींट रहा आग समीरण
उन्मुख लोचन कहती 'आ घन' देख रही नभ धरती रानी
भरने दो पानी।'' (वही, पृष्ठ 61)

तपती धरती और प्यासे आसमान के बीच उठते आषाढ़ के पहले बादलों की ओर आशा भरी निगाहों से देखती और हाथ उठाकर बुलाती कृषक-बालिकाओं का सहज-स्वाभाविक चित्र (कृषक बालिकाएँ खेतों में आज न हँस-मुख रहती होंगी/'आओ जलधर आओ जलधर' हाथ उठाकर कहती होंगी''-पृष्ठ 61) खींचने में मिश्र जी की सफलता का कारण उनका लोक का अविभाज्य अंग होना रहा है। उन्होंने अनावृष्टि और अतिवृष्टि की भीषण त्रासदी देखी है। बादलों का अत्यधिक कृपालु होना भी संकटदायी है। पानी अत्यधिक बरसने की स्थिति में एक ओर कवि का हृदय काँपता है तो दूसरी ओर खेत में धान काँपते हैं। पेड़-पौधे, पंछी सब काँपते हुए से प्रतीत होते हैं इसीलिए मिश्र जी का बादलों से आग्रह है—

"बादल घेर घेर मत बरस कि मेरे लाज-बसन डूबे
रह-रह काँपे हिया हवा में, खुले खेत में धान
आँखों में परदेशी काँपे, रोम-रोम में बान
याद का बाँध उठा है टूट कि बिरहा के ये छन डूबे
काँप रहे हैं फूल कदम के, काँपे पियर कनेर
नीब-शिखा पर पंछी काँपे, मेड़ पर झरबेर
लोटती काली छाहों बीच कि मेरे गोर सपन डूबे।"

(वही, पृष्ठ 240)

सूरज और धूप भी रामदरश मिश्र की काव्य-संवेदना के केन्द्रीय बिम्ब हैं। 'कंधे पर सूरज' उनका काव्य-संग्रह है। सूरज के प्रति उनकी रागात्मकता का कारण भी उनका लोक-जीवन से जुड़ाव ही है। उन्होंने यह स्वीकार किया है—"सूर्य कहीं बचपन से ही मेरे भीतर धँस चुका था।किसान का पुत्र होने के कारण मैं सूरज का साथी बन गया था। खेतों, खलिहानों की दुनियाँ में सूरज मेरे साथ-साथ चलता था। रोशनी देकर फसलों को पकाता हुआ भी और खेत खलिहान में काम करते समय मेरे सिर पर चढ़कर जलाता हुआ भी। जो रोशनी देगा वह जलायेगा भी। यह जलाता हुआ सूरज किसानी जिन्दगी के लिए अपरिहार्य सत्य और सौन्दर्य बन गया था।" (वही, पृष्ठ XI) इसीलिए कंधे पर उगा हुआ सूरज उनके लिए जीवन-मूल्यों का विधायक भी है। चूँकि वह उनके भीतर से उगा है इसीलिए वे उसे फेंक नहीं सकते—"कितनी बार चाहा कि/कंधे पर से पटक दूँ इस सूरज को/लेकिन हर बार लगा/कि यह सूरज ऊपर से बैठा नहीं है/कंधे पर उगा है मेरे ही भीतर से/और मैं इसे नहीं/कहीं अपने को ही लगातार ढो रहा हूँ।" (वही, पृष्ठ 376)। कहना न होगा कि रामदरश मिश्र इस सत्य के सूरज को अपनी सर्जना में लगातार ढोते रहे हैं।

'पक गई है धूप' में अनुभूति की अखण्डता भिन्न-भिन्न रूप धारण कर उभरी है। इस काव्य-संग्रह के तीन खण्ड हैं—'होने न होने', 'समय जल सा', और 'मेरा आकाश'। पहले खण्ड में संक्रान्त अनुभव की कवितायें हैं जिसमें पारस्परिक सहयोग, कटाव और टकराहट सभी कुछ है जिसे आज का हर संवेदनशील व्यक्ति ढोने के लिए अभिशप्त है। दूसरे खण्ड में वस्तु-जगत और मन के बीच के तनाव को व्यक्त करने का प्रयास है। व्यापक फलक पर लिखी गई तीसरे खण्ड की कविताओं की अनुभूतियों में सामाजिक यथार्थ का प्रतिबिम्बन है। जाहिर है—'पक गई है धूप' काव्य-संग्रह सन साठ के बाद का है। यह मोह भंग और उससे उपजी अनास्था,

अस्वीकार, टूटन-घुटन, पलायन तथा यौन स्वेच्छाचार वाली काव्य-प्रवृत्ति का दौर है। समय-साहचर्य के कारण इन प्रवृत्तियों से मिश्र जी का यह काव्य-संग्रह अप्रभावित नहीं रह सका है लेकिन मोह भंग के नाम पर यौन प्रसंगों से सन्दर्भित अश्लीलता, जिज्ञासा और निषेध में रस लेने की प्रवृत्ति यहाँ नहीं है। इस संग्रह की कविताओं में अभिव्यक्त, टूटन, घुटन, निराशा, अकेलापन और अस्वीकार बोध सामाजिक जीवन सन्दर्भों का है जिसमें मूल्यों का निषेध नहीं मूल्यों के टूटने की पीड़ा है। रिश्तों में गरमाहट की जगह घुस आये अपरिचय से मानव-मूल्यों का क्षरण चिन्ता का विषय है। आमने-सामने मकान तो हैं लेकिन बीच की सड़क पार कर आत्मीयता का संसार रचने की फुर्सत किसी को नहीं है—"आमने-सामने मकान/बीच में एक सड़क है/ मकान रोज देखते हैं एक-दूसरे को/किन्तु सड़क पार नहीं करते/ सड़क से गुजरते हैं लोग/ जिन्हें न सड़क जानती है न मकान।" (वही, पृष्ठ 260)। महानगरीय सभ्यता की त्रासदी तो यह है कि कोई भी किसी को उसके असली नाम से नहीं पुकारता। ऐसे में अपना असली नाम भूल जाना भी अस्वाभाविक नहीं है—"अब कोई भी मुझे/मेरे नाम से नहीं पुकारता/असली नाम से/मगर मेरा असली नाम/ ओह, वह तो अब/मुझे भी नहीं मालूम।" (वही, पृष्ठ 268) 'महानगर' में बसन्त', 'गलियाँ और सड़कें', 'और एक दिन', 'कहाँ है समाज' 'भाग्यशाली' आदि कविताओं में महानगरीय जीवन की त्रासदियों की यथार्थ अभिव्यक्ति हुई है। 'लाशों के बीच-जीवित होने की पीड़ा' शीर्षक कविता में नगर अपनी विद्रूपता, संत्रास, भय, पीड़ा, ठगी और अंजनबीयत के साथ उपस्थित है—

''कचहरियाँ बाजार-सी बजबजा रही हैं
न्याय-कक्षों की दीवारों पर
क्रॉस पर टँगी हैं
सत्य, अहिंसा और न्याय की ऋचायें
छाया में, चारों ओर
कुरसियों पर तख्तों पर
मुरदे बिछे हैं
जिनके बीच से
जीवित होने की पीड़ा लिये
गुजरते हैं कुछ लोग
मुरदों के हाथ फैले हैं

जिनमें चुपचाप नोट ठूस कर
अभ्यस्त लोग आगे सरक जाते हैं।'' (वही, पृष्ठ 256)

अपने अनुभवों को मानवतावादी दृष्टि से सृजित करने वाले रामदरश मिश्र बेहतर मनुष्य और बेहतर समाज की संकल्पना के कवि हैं। इसीलिए वे जीवन और समाज में व्याप्त हर प्रकार की कमजोरियों, न्यूनताओं, भ्रष्टाचारों तथा कुरूपताओं का विरोध करते हैं। उनकी यह प्रवृत्ति परवर्ती रचनाओं में क्रमशः बढ़ती गई है। 'दिन एक नदी बन गया', 'जुलूस कहाँ जा रहा है', 'आग कुछ नहीं बोलती', 'बारिश में भीगते बच्चे' तथा 'ऐसे में जब कभी' काव्य संग्रहों में युगजीवी यथार्थ के सही अंकन और अव्यवस्था पर प्रहार के लिए व्यंग्य का सहारा लिया गया है। लध्वाकारीय कविताओं में विसंगतियों और विडम्बनाओं के प्रति आक्रोश और तल्खी का लावा अधिक धधका है। 'दिन एक नदी बन गया' संग्रह की 'नदी बहती है' कविता अपने आकार में लघु होते हुए भी भ्रष्टाचार की चरम अभिव्यक्ति की कविता है—"हमेशा आकाश से झरती है एक नदी/और हमेशा ऊपर ही ऊपर कोई पी लेता है/धरती प्यासी की प्यासी रहती है/और कहने को आकाश से नदी बहती है।" (वही, पृष्ठ 455)। इसका दुष्परिणाम यह हुआ है कि सम्पन्नता और विपन्नता के बीच की खाई और चौड़ी हुई है। अमीर और अधिक अमीर तथा गरीब और अधिक गरीब हुआ है। इतना ही नहीं अमीरों द्वारा उसकी गरीबी का मजाक भी उड़ाया जाता है। हद तो तब हो जाती है जब दुर्गन्धियुक्त वातावरण में कच्ची दीवार की टूटी छाया में कुत्ता-बकरी के साथ रहने को अभिशप्त गरीब बेचारा सामने के राजमार्ग से गुजरते हुए हाथी-घोडों के जुलूस का जयगान करने के लिए विवश होता है—"बजबजाती हवाओं के बीच/कच्ची दीवार की टूटी छाया/उसके तले /उसी तरह बैठा हुआ वह/उसके साथ एक कुत्ता एक बकरी/और उसका साया/सामने के राजमार्ग से/ बार-बार गुजरते/ हाथी-घोड़ों के जुलूस की/वह जय बोलता है।" (वही, पृष्ठ 460)। मिश्र जी की कविताएं यथार्थ कथन तक ही सीमित नहीं हैं बल्कि वे अन्याय और अत्याचार के विरूद्ध प्रतिरोध की चेतना जगाने का कार्य भी करती हैं। इसी सन्दर्भ में उन्हें हमसे अच्छी धूल लगती है क्योंकि उसमें दमन के विरोध का साहस है—"कोई जितनी ही तेजी से कुचलता है/वह उतना ही ऊँचे उठती है/और दूर तक पीछा करती है मधुमक्खियों की तरह/हमसे तो अच्छी यह धूल ही है न/जो हर दमन का प्रतिरोध करती है।" (वही, पृष्ठ 476)। मिश्र जी की प्रतीकाश्रित अभिव्यंजना कभी-कभी सीधी ललकार बन जाती है। 'आग कुछ नहीं बोलती' संग्रह की इन पंक्तियों में धनपशुओं के प्रति यही भाव व्यक्त हुआ है—''चारों ओर का जल समेटकर/अगाध

बने/अपनी गहरी चुप्पियों में डूबे सरोवर/तुम यकायक थर्रा क्यों उठे? /मैने तो एक छोटी सी कंकडी फेंकी थी।''

रामदरश मिश्र की कविता में अनुभव-वैविध्य तो है ही अभिव्यंजना पद्धति की विविधता भी है। उन्होंने अगर लध्वाकारीय कवितायें लिखी हैं तो उनकी कुछ लम्बी कविताओं ने भी उनके कवि सामथर्य को प्रमाणित किया है। उन्होंने छांदस रचना द्वारा अपनी काव्य-प्रतिभा का श्रेष्ठ निदर्शन किया हैं तो मुक्त छंद में भी अपने अनुभवों और विचारों को प्रकट करने में महत्त्वपूर्ण सफलता प्राप्त की है। अगर उन्होंने श्रेष्ठ गीतों की रचना की है तो ग़ज़ल की दुनिया में भी अपनी प्रतिभा का लोहा मनवाया है। इतने के बावजूद उन्होंने कभी भी छलांगें लगाकर शिखर पर पहुँचने की कोशिश नहीं की लेकिन धीरे-धीरे ही सही उनकी रचनात्मक श्रेष्ठता ने उनको उस जगह पहुँचाया अवश्य—"जहाँ लोग पहुँचे छलाँगें लगाकर/वहाँ मैं भी पहुँचा मगर धीरे-धीरे।"

श्रीकान्त वर्मा : राजनीति के धूल-धक्कड़ के बीच हिफ़ाजतवाली कलम

साहित्य और राजनीति को एक साथ साधना कठिन नहीं तो दुष्कर अवश्य है। साहित्य में जिस संवेदना और भावुकता की अपेक्षा होती है वह राजनीति में दुर्बलता का कारण मानी जाती है इसीलिए साहित्य तथा राजनीति के पथिकों की राह प्रायः भिन्न होती है किन्तु जो इन दोनों राहों पर चलकर कुछ महत्त्वपूर्ण कर जाते हैं उनकी प्रशंसा तो होनी ही चाहिए। लेकिन श्रीकान्त वर्मा के साथ ऐसा नहीं हुआ। उनकी काव्य-प्रतिभा को लेकर तरह-तरह की बातें की गईं। उन्हें 'सत्ता का कवि', 'चारण' आदि से सम्बोधित किया गया। उनके न्यायपूर्ण, शाश्वत और कालजयी रचना-सामर्थ्य पर विस्मित होने वालों की संख्या भी कुछ कम नहीं रही। अरुण कमल ने लिखा है—"मैं लगातार किंचित विस्मय के साथ सोचता रहा कि एक समर्थ कवि जो शासक दल का उच्चाधिकारी और प्रवक्ता है वह आज कैसी कविताएँ लिख सकता है, ऐसे शासक दल का जिसने जनता को तबाह किया है और जो लगातार हत्या तथा बर्बरता का पक्ष लेता रहा है। .... एक कवि जो तत्कालीन जीवन के कष्टों और विडम्बनाओं का साक्षी नहीं हो सकता, अन्याय और संहार का प्रतिवाद नहीं कर सकता वह 'काल' और शाश्वत जीवन के बारे में क्या लिखने का अधिकारी है?" (कविता और समय, पृष्ठ 118)। इस तरह की आशंकाओं, आरोपों और प्रश्नों ने श्रीकान्त वर्मा को पीड़ित अवश्य किया होगा तभी उन्हें स्पष्टीकरण देने की आवश्यकता महसूस हुई होगी। उन्हें लगा होगा कि राजनीति से सम्बद्धता काव्य-प्रतिभा के क्षरण के कारण के रूप में दुष्प्रचारित हो रही है तब उनके तिलमिलाने की सीमा नहीं रही होगी। ऐसे समय में उन्होंने यह स्वीकार किया कि राजनीति में धूल-धक्कड़ तो रहती ही है फिर भी उन्होंने उससे निर्लिप्त अपने स्वत्व को बचाये रखा है। अपनी कलम को हिफाजत से रखा है -

"मगर कोई मुझसे
मेरा 'स्वत्व' नहीं छीन सकता

मेरी कलम नहीं छीन सकता
यह कलम
जिसे मैंने राजनीति के धूल-धक्कड़ के बीच भी
हिफाजत से रखा
हर हालत में लिखता रहा।
पूछो तो इसी के सहारे
जीता रहा।"

(गरुड़ किसने देखा है, पृष्ठ 56)

साहित्य और राजनीति दो नावों की सवारी की तरह हैं। दोनों के अपने गंतव्य और मन्तव्य हैं। दोनों के अपने सिद्धांत और निकष हैं। दोनों के अपने मूल्य और सरोकार हैं। श्रीकान्त वर्मा ने भतृहरि के इस कथन 'वेश्या इव नृपनीतिः' को भी पढ़ा था। फिर भी उन्होंने कविता और राजनीति को अपने जीवन का पाथेय बनाया। इनका परस्पर द्वन्द्व झेला। इन दोनों के द्वन्द्व में कई बार अपने जीवन को जख्मी भी महसूस किया—"मैं असल में अपने भीतर चौबीसों घण्टे लड़ाई लड़ता हूँ और इसमें कोई जख्मी नहीं होता, कोई मेरे हाथों मारा नहीं जाता, सिर्फ मैं लहूलुहान होता हूँ। कभी राजनीति कविता पर हमला करती है कभी कविता राजनीति पर। मैं दोनों का द्वन्द्व युद्ध रोकने के प्रयत्न में स्थायी तौर पर जख्मी होकर रह गया हूँ। जख्मी मगर अपंग नहीं।" कहना न होगा कि श्रीकान्त वर्मा को आलोचकों/निन्दकों के तुले तूर्ण बार-बार झेलने पड़ते थे। वे उनका प्रत्युत्तर देते थे। कभी-कभी कठोर प्रहार भी करते थे किन्तु महाकवि निराला की तरह (आते थे मुझ पर तुले तूर्ण) उन्हें भी पीड़ा तो महसूस होती ही होगी। यह बात अलग है कि मानसिक संकटों से गुजरते हुए भी उनकी सृजनात्मकता में अपंगता नहीं आयी। यह इसलिए सम्भव हुआ कि उन्होंने अपनी कविता को जिन्दगी के व्यापक अनुभव से जोड़ रखा। उनका मानना था कि "साहित्य विचारों से नहीं लेखक के जीवनानुभव से पैदा होता है और लेखक किसी के लिए नहीं लिखता, केवल अपने भीतरी दबाव के कारण लिखता है।" इससे यह समझना कठिन नहीं है कि श्रीकान्त वर्मा कैसे राजनीति में रहकर भी 'मगध' जैसी उत्कृष्ट रचना दे सके। जाहिर है राजनैतिक विसंगतियों और विडम्बनाओं ने उनके अन्तस को आन्दोलित कर सृजन के लिए प्रेरित किया होगा। 'मगध' की कविताएँ उसी पीड़ा की उपज हैं।

'भटका मेघ' से लेकर 'गरुड़ किसने देखा है' तक श्रीकान्त वर्मा की कविता की जमीन निरन्तर नये अनुभवों से परिपक्व होती गई है। भाव और विचार नवीन

से नवीनतर होते गये हैं। 'भटका मेघ' में कवि जहाँ बिलासपुर की गली-बस्ती, सुख-दुख तथा प्रेम-प्रसंगों और यौनिकता के उमंग तक अपने को सीमित रखा है वहीं परवर्ती काव्य-संग्रहों में उसके अनुभवों का विस्तार महानगर और उसकी विसंगतियों-विडम्बनाओं तक प्रसरित हो गया है। जीवन की त्रासदी, कुंठा, हताशा, इतिहास-बोध और राजनैतिक वितण्डावाद उसकी कविता के विषय बनते हैं। देश और दुनिया की अमानवीय घटनाएँ उसे पीड़ित करती हैं। यूनान, स्पोर्टा, ट्राय, बाबर, याह्या खान आदि के करतबों से उसे बेचैनी महसूस होती है। बीसवीं शताब्दी में घटित विभिन्न क्रान्तिकारी घटनाओं, मानव-मुक्ति-संघर्ष, उथल-पुथल, विश्व-युद्ध और परमाणु-विस्फोट आदि के कारण कवि इस सदी को सबसे जटिल शताब्दी के रूप में देखता है। उसे यह शताब्दी इतनी भयावह लगती है कि उसका वर्णन करते हुए हाथ काँपते हैं—

"यूरोप
बड़बड़ा रहा है बुखार में
अमेरिका
पूरी तरह भटक चुका है अन्धकार में
एशिया पर
बोझ है गोरे इन्सान का
सम्भव नहीं
कविता में वही सब कह पाना
जो घटा है
बीसवीं शताब्दी में मनुष्य के साथ
काँपते हैं हाथ।" (जलसाघर, पृष्ठ 72)

श्रीकान्त वर्मा ने समकालीन मनुष्य की त्रासदी और संकटों को रेखांकित करते हुए अपनी काव्य-चेतना का विस्तार किया है। उसमें रोती पृथ्वी के दुख की गहरी संवेदनशील उपस्थिति है। अन्तर्राष्ट्रीय धरातल पर वीभत्स मानवीयता का साक्षात्कार है। सत्ता का संघर्ष है। याह्या खान की तानाशाही है। युद्धास्त्र बनाने-बेचने वाले राष्ट्रों की निरंकुशता है। आतंक है, दमन है, तनाव और उदासीनता है। कहीं रात और नींद की विभिन्न स्थितियाँ हैं, और कहीं इन्द्रजाल की प्रतीति है। इस तरह अपने समकाल को कविता में उतारने की कोशिश में लगे श्रीकान्त वर्मा पर जब आरोपों की झड़ी लगी तब उन्होंने इसका न केवल प्रतिकार किया बल्कि उन कवियों से यह पूछा भी कि जब चारों ओर सघन अन्धकार है, अराजकता और अमानवीयता है, साँसों में

सीले जंगल जैसी बास है, वेश्याई स्वर्ग में फोड़ों की तरह फूटने वाले उत्सव हैं तब ऐसे समय में स्त्री-रिझाऊँ कविताएँ केसे सम्भव हो पा रही हैं?

"बरस रहा है अन्धकार!
मगर उल्लू के पट्ठे!
स्त्रियाँ-रिझाऊ कविताएँ
लिख रहे हैं।
भेडियों के कोरस की तमाच्छन्न अन्ध-रात्रि
टोंकरी के नीचे कवि बाँग दे रहे हैं (माया दर्पण, पृष्ठ 49)

ऐसा नहीं है कि श्रीकान्त वर्मा के यहाँ प्रेमाभिव्यंजना नहीं है, स्त्री का मांसल शरीर नहीं है, कमनीयता और कामुकता नहीं है बल्कि उनके काव्य-संग्रह 'जलसाघर' में कामातुर स्त्रियाँ हैं, सांडों का तेल है, विधवा को ठोकने वाला चुंगी का दरोगा है, खुलते हुए नाभिबंध, वक्ष और नितम्ब पर निशान हैं। यहाँ तक कि 'सिंहद्वार' कविता रति-प्रसंगों की ही कविता है—"जाँघ पर बैठा है सिंह, भुजा पर बाज/वक्ष पर गरुड/पैरों में साँप/और नितम्बों पर छाप है/भाप है.... जंघा को सूँड़ में लपेटकर/कहाँ लिये जाता है ऐरावत/वक्ष पर/नितम्ब पर/निशान.....गुफा की देहरी पर बार-बार/आ-आ कर/दहाड़ता है/कानों के फूल/नाक की नथ/हाथ की चूड़ियाँ/वक्ष की कंचुकी/कमर का लहँगा/और आँखों का शर्म।" (जलसाघर, पृष्ठ 34)। कुछ कविताओं में श्रृंगारिक सन्दर्भ से जुड़े अश्लील शब्दों का भी समावेश है—"बन्द करो कपड़ा बनने वाली मिल/टाँग दो-शो-विंडो में/दागों से भरा/पेटीकोट।" अथवा 'माया दर्पण' में संगृहित 'समाधि-लेख' कविता की ये पंक्तियाँ—"वह इस तरह लौट आता है/जैसे किसी वेश्या के कोठे से/अपने को बुझाकर।" (पृष्ठ 104)। इस तरह के वर्णन जुगुप्सा का भाव रचते हैं। फिर कवि को क्या यही अभिलषित है? इसका उत्तर नहीं में होगा। वर्मा जी अश्लीलत्व से श्लीलत्व का संधान तथा रुग्णता का परिष्कार चाहते थे। वितृष्णा के भीतर से गुजरकर स्वस्थ भावधारा और स्त्री के प्रति सम्मान का भाव जगाना चाहते थे। उनकी कामना समाज को आदर्श समाज के रूप में देखने की थी। इसके लिए उन्हें यह जरूरी लगा था कि विकृतियों का विनाश और विडम्बनाओं का पर्दाफाश किया जाये। इसकी सतत साधना में वे आजीवन संलग्न रहे फिर भी डॉ. रामविलास शर्मा जैसे आलोचकों ने उन्हें 'वीभत्स विशेषज्ञ' की संज्ञा दी। उनकी निम्नलिखित काव्य पंक्तियाँ अनेकशः उद्धरण बनीं—

"क्या मैं पड़ा रहूँ
अपनी स्त्री की जाँघ की दराज में

शिव! शिव! मैं अपनी कल्पना पर
छिपा लेता हूँ मुँह लाज में।'' (माया दर्पण, पृष्ठ)

श्रीकान्त वर्मा की पहचान प्रेम के कवि के रूप में भी होनी चाहिए थी लेकिन दुर्भाग्यवश उनकी प्रेम संवेदनाओं को गर्हित दृष्टिकोण से ही अधिक देखा गया। सच्चाई यह है कि उनकी आरम्भिक कविताओं में प्रेम की जहाँ सहजोच्छल धारा प्रवाहित होती हुई दिखाई देती है वहीं उनके परवर्ती काव्य-संग्रहों में प्रेम की प्रौढ़ता के दर्शन होते हैं। यह बात अलग है कि उन्हें अपने समय की भयावहता का बोध सदैव बना रहता है और उन्हें यह पूछना पड़ता है कि प्रेम किससे करूँ?

''इस भयानक समय में कैसे लिखूँ
और कैसे नहीं लिखूँ
सैकड़ों वर्ष से सुनता आ रहा हूँ
घृणा नहीं, प्रेम करो—
किससे करूँ प्रेम? मेरे
चारों ओर हत्यारे हैं।'' (जलसाघर, पृष्ठ 74)

समकालीन परिवेश में व्याप्त घोर विडम्बना-बोध और नैराश्य के बीच श्रीकान्त वर्मा की मांसल अनुभूतिगत संवेदनायें प्रकट नहीं हो पातीं—"शिथिल हुए प्रेम के उरोज में छिपा हुआ/कृतज्ञ एक माथ/उसके नितम्ब पर पड़ा हुआ/न अनुभव होता-मुझको हाथ।" (दिनारम्भ, पृष्ठ 29)। तो इसलिए कि कवि को कृत्रिमता का छद्म आवरण पसन्द नहीं है। वह प्रेम में झूठ को शामिल नहीं करना चाहता। इसीलिए पूछता है—"क्या मैं तमाम मूर्ख स्त्रियों से हँस-हँसकर/बात करूँ, झुक-झुक नमस्कार?/दूसरों के बच्चों से/झूठ-मूठ प्यार?।" (माया-दर्पण, पृष्ठ 21)। यह कवि के व्यक्तित्व की चौहद्दी और उसका यथार्थ स्वरूप है। उसे स्त्रियों के प्रेम का दायरा भी मालूम है। तभी तो वह कहता है—"कुछ स्त्रियाँ/प्रेम करती हैं/वर्दी से/बाकी नामर्दी से।" माया-दर्पण, पृष्ठ 34)। प्रेम में वर्दी और नामर्दी की चाहत कभी भी आदर्श प्रेम की स्थिति नहीं मानी जा सकती। प्रेम में व्यापार का समावेश कभी भी स्वीकार्य नहीं रहा है। प्रेम त्याग और समर्पण की अपेक्षा रखता है। श्रीकान्त वर्मा महुए के वन में एक कण्डे की तरह सुलगने, धुँधुआने की आकांक्षा के कवि हैं—"मैं महुए के/वन में/एक कण्डे सा/सुलगना, गुँगुवाना/धुँधुँवाना चाहता हूँ।" (वही, पृष्ठ 22)। वे प्रेमालम्बन को सर्वस्व देने के लिए तत्पर और वचनबद्ध भी दिखाई देते हैं -

''मैं अपने आस-पास
अपना एक लोक

रचना चाहता हूँ
मैं उसका पति, उसका प्रेमी
और उसका सर्वस्व
उसे देना चाहता हूँ
और पठार
ओढ़ लेना
चाहता हूँ।'' (माया-दर्पण, पृष्ठ 24)

जीवन की विद्रूपता, अश्लीलता, विसंगति और विडम्बना की अभिव्यक्ति की दृष्टि से श्रीकान्त वर्मा के 'माया-दर्पण' और 'जलसाघर' काव्य संग्रहों की अधिकांश कविताएँ उल्लेखनीय हैं। उनमें जहाँ एक ओर संत्रास, पीड़ा, ऊब, भद्दापन, उदासी और निराशा है वहीं दूसरी ओर अपने परिवेश के प्रति अति सजगता भी है। मानव के सुन्दर भविष्य के लिए वर्तमान को बदलने की आकांक्षा है। उनके जन्मदिन की मुबारकवाद है जो खुशी-खुशी जी रहे हैं। उनकी ख़ुशकिस्मती पर व्यंग्य है जिन्हें जगत-गति नहीं व्यापती और जो शव गिनते हुए भी मौन रहकर देखते रहते हैं सारा दृश्य तथा सुनते रहते हैं क्रिकेट और मौसम के समाचार। हत्या की अनन्तता में न हत्या दिखाई देती है और न चीखों की अनन्तता में चीखें सुनाई पड़ती हैं। समय की भयावहता ऐसी है कि पत्ते का गिरना सुन लेने वाले एक स्त्री की चीख नहीं सुन पा रहे हैं—

''मुबारक हो उन्हें यह समय,
जिन्हें सब कुछ
सुनायी पड़ता रहा
यहाँ तक कि पत्ते का गिरना भी
केवल सुनायी नहीं पड़ी
उस स्त्री की चीख जिसका पति
घर से निकलते ही ढेर कर दिया गया।'' (जलसाघर, पृष्ठ 73)

श्रीकान्त वर्मा की कविताओं में प्रश्न करने, संवाद करने, विवाद को आमन्त्रित करने तथा समस्या को समाधान तक पहुँचाने की शक्ति है। आज संसार आतंकवाद और युद्ध की विभीषिका से आक्रांत है। मानवता के लिए यह सबसे बड़ी समस्या है। कवि भविष्य-द्रष्टा होता है। श्रीकान्त वर्मा को युद्ध और उसके खतरे का आभास था। 'युद्धनायक' शीर्षक कविता में मनुष्य का भागना और युद्ध का पीछा करना वर्णित है-युद्ध का अर्थ किस भाषा में युद्ध नहीं? /इतना ही है/ कि शान्ति याददाश्त

के लिए/मोरपंख की तरह किताबों के बीच रखी हुई है/युद्ध दस्तक दे रहा है/पृथ्वी की एक-एक सड़क पर/भाग रहा है/मनुष्य/युद्ध पीछा कर रहा है।" (जलसाघर, पृष्ठ 71)। आज रूस और यूक्रेन का युद्ध परमाणु अस्त्रों के प्रयोग की ओर बढ़ रहा है। दुनिया ने हिरोशिमा-नागासाकी का नरसंहार देखा है। श्रीकान्त वर्मा को परमाणु अस्त्रों के संग्रह वाली शताब्दी में जन्म लेने की पीड़ा का बोध है—"आज परमाणु अस्त्र जिस तरह से इकट्‌ठा हो रहे हैं, उससे तीसरे विश्व युद्ध की आशंका भी निर्मूल नहीं है। तीन विश्वयुद्धों को सहने का माद्दा रखने वाली और दो-दो विश्वयुद्धों से क्षत-विक्षत शताब्दी में हमने जन्म लिया। उसमें सबसे बड़ी बात यह है कि इस पीड़ा को, इस ट्रेजेडी को सबसे अधिक विश्व कविता ने ही ढोया है।" (श्रीकान्त वर्मा रचनावली, पृष्ठ 545)। उन्हें फटे-फटे सपने भी दिखे और आत्मा के अन्दर का चिघाड़ भी सुनाई दिया। इसके बावजूद उनमें जिजीविषा और आस्था की कमी नहीं मिलती बल्कि अन्त तक लड़ने का साहस मिलता है—

"मेरी सिसकी मरसिया नहीं है जीवन का
मेरी गहरी चेतना प्रशांत पानियों की
दुःख के अणु विस्फोटों से
कभी-कभी ऐसे कंप जाती है
लेकिन मेरे साहस के नागासाकी ने
अन्तिम साँसों तक समर्पण नहीं किया है।"

'गरूड़ किसने देखा है' में श्रीकान्त वर्मा ने अपनी कविता के बारे में यह जो टिप्पणी की है उससे उनकी कविता की सीमा-सामर्थ्य और सरोकार का पता चलता है—"मैं रोज कविताएँ लिख रहा हूँ। एक नये संसार को ढूँढ़ निकाल रहा हूँ, दूसरों के लिए। अवन्ती, मालवा, उज्जयिनी, क्षिप्रा, चम्पा, काशी, कौसाम्बी, कपिलवस्तु, कोशल, कलिंग, वैशाली, आम्रपाली, वासवदत्ता, वसन्तसेना, चन्द्रगुप्त, बिम्बसार, अशोक, अजातशत्रु-पात्रों, चरित्र-नायकों, नगरों, स्मृतियों का एक रेला है जो चला आ रहा है, एक भीड़ है जो उमड़ पड़ रही है। यही हैं मेरी कविताएँ/इनका मुख्य सरोकार है -मृत्यु, संहार, नैतिक क्षय। मैं जानता हूँ, मगध क्या है? कालातीत काल।" (डायरी: कुछ पन्ने)। कहना न होगा कि 'मगध' वर्मा जी की सबसे महत्त्वपूर्ण कृति है जो अपनी संरचना और संकल्पना में पूर्णतः राजनीतिक है। मगध भारत के सबसे बड़े साम्राज्य का नाम रहा है। उसके नायकों के वैभव, शक्ति-सामर्थ्य और निरंकुशता को याद करने के क्रम में वर्मा जी ने अपनी इस कृति में वर्तमान राजनैतिक विसंगतियों

और विडम्बनाओं को उपस्थित किया है। 'मगध' समकालीन राजनीति की मूल्य हीनता, सत्ता लोलुपता, मदान्धता एवं चाटुकारिता के नग्न यथार्थ का प्रतीक है। यहाँ यह स्मरणीय है कि श्रीकान्त वर्मा ने एक समय कहा था—"लेखक जब यह अनुभव करता है कि साहित्य मेरे अन्दर की अभिव्यक्ति को पूरा नहीं कर रहा है तो वह राजनीति में आता है।" (श्रीकान्त वर्मा का रचना-संसार, पृष्ठ 107) किन्तु 'मगध' के रचनाकाल तक आते-आते उनकी मनोदशा ऐसी हो गई थी—"मैं एक चक्रव्यूह में फँस गया हूँ। निकलना चाहता हूँ। रास्ता नहीं मालूम। जिधर से निकलने की कोशिश करता हूँ सिर दीवार से टकरा जाता है, शायद यहीं मारा जाऊँगा, इसी तरह चक्रव्यूह के भीतर छटपटाता, चीखता, चिल्लाता, आर्तनाद करता हुआ अरण्य रोदन।" (श्रीकान्त वर्मा रचनावली, डायरी-4 दिसम्बर, 1985, पृष्ठ 449)। ऐसे ही मानसिक संत्रास के क्षणों में उन्होंने यह भी स्वीकार किया था कि "राजनीति मेरे लिए एक गलत जगह थी क्योंकि वहाँ मूल्य नहीं मूल्यों का क्षरण था। विचार नहीं विचारों की हत्या थी।" इसकी अभिव्यक्ति इन पंक्तियों में देखी जा सकती है जहाँ आज के कोसल को पहचानना कठिन नहीं है—

"कोसल अधिक दिन नहीं टिक सकता
कोसल में विचारों की कमी है।" (मगध, पृष्ठ 45)

'मगध' इतिहास के आवरण में वर्तमान की व्याख्या है। यह जितना अतीत का आख्यान है उतना ही वर्तमान का भी। मगध, कोशल, हस्तिनापुर, उज्जयिनी, अवन्ती, श्रावस्ती, कौशाम्बी, मिथिला, तक्षशिला अगर अपनी प्राचीनता छोड़कर दिल्ली, पटना, लखनऊ, भोपाल को व्यंजित करते हैं और चन्द्रगुप्त, शकटार, अजातशत्रु, बिम्बसार समकालीन राजनेताओं को तो इसमें कोई आश्चर्य नहीं होना चाहिए। 'काशी का न्याय' कविता में—"सभा बरखास्त हो चुकी/सभासद चलें/....फैसला हमने नहीं लिया/सिर हिलाने का मतलब फैसला लेना नहीं होता/हमने तो सोच-विचार तक नहीं किया।" समकालीन शासकदल की सभा और सभासद को आसानी से पहचाना जा सकता है। इसी तरह 'हस्तिनापुर' कविता में—"सम्भव हो/तो सोचो/हस्तिनापुर के बारे में/जिसके लिए/थोड़े-थोड़े अन्तराल में/लड़ा जा रहा है, महाभारत।" हस्तिनापुर को राजधानी दिल्ली तथा 'महाभारत' की लड़ाई को पंचवर्षीय चुनाव के रूप में महसूस किया जा सकता है। शासकों की विलासिता, अकर्मण्यता, मदान्धता और अहंकार आदि की अभिव्यक्ति इन पंक्तियों में—

"मगध में शोर है कि मगध में शासक नहीं रहे
जो थे
वे मदिरा, प्रमाद और आलस्य के कारण
इस लायक
नहीं रहे
कि उन्हें हम
शासक कह सकें। (मगध, पृष्ठ 94)

श्रीकान्त वर्मा ने आधुनिक बोध को इतिहास बोध से जोड़कर जो अर्थवता प्रकट की है उससे पूरा राजनीतिक परिदृश्य उजागर हो उठता है। इससे यह भी पता चलता है कि वे स्वयं किस तरह राजनैतिक दुष्चक्रों को सहन करने के लिए विवश थे लेकिन जब एक लेखक के भीतर का रचनाकार मुखर होता है तब ये काव्य-पंक्तियाँ निकलती हैं जो राजनेताओं के चरित्र से पर्दा उठाती हैं—

"वे हत्यारे ही नहीं
चोर, उचक्के, डकैत
होमो सैक्सुअल
मेट्रो सैक्सुअल
रेपिस्ट हैं
उनके जीवन में सत्य का
पश्चात्ताप का एक क्षण
नहीं आया
और वे सब के सब राजनीति में हैं।"
(गरुड़ किसने देखा है, पृष्ठ 63)

अगर श्रीकान्त वर्मा राजनीति में धूल-धक्कड़ देखते हैं तो इसी अर्थ में और इससे वे अपने को बचाने की भरसक कोशिश करते हैं। उन्हें बौने राजनेताओं के कन्धों पर चढ़कर महान बनने की अभिलाषा नहीं है। कलम की ताकत पर भरोसा है जिसे उन्होंने हिफ़ाजत के साथ रखा।

चन्द्रकान्त देवताले : पृथ्वी का देखा हुआ सपना कहने की अभिलाषा

चन्द्रकान्त देवताले अपने समकालीनों में इसलिए अलग दिखते हैं कि उनके पास एक बड़ा विजन है, बड़ी सोच है। वे अपनी कविता में पृथ्वी का देखा हुआ सपना कहना चाहते हैं। यह जरूरी नहीं है कि सपना सुखद, सुन्दर और मनोहर हो। वह भयानक और वीभत्स भी हो सकता है इसीलिए देवताले बसन्ती आँख की कल्पना करते हैं क्योंकि इस आँख से देखा हुआ सपना कुरुप और डरावना नहीं हो सकता। बसन्ती आँख मधुरता, मुस्कान, उल्लास और उमंग का ही सपना देखेगी। इसीलिए देवताले की पृथ्वी की आँख बसन्त है। इसी आँख से वह सपना देखती है। उस सपने को कहने की अभिलाषा वाले कवि हैं देवताले—"बसन्त जो पृथ्वी की आँख है/जिससे वह सपना देखती है/मैं पृथ्वी का देखा हुआ सपना कहना चाहता हूँ।" (लकड़बग्घा हँस रहा है, पृष्ठ 66)। जाहिर है यह एक विराट सपना है जो पृथ्वी के सपने के माध्यम से कवि देखता है। वह चाहता है कि चारों ओर प्रफुल्लता और हरीतिमा का सौष्ठव हो। सुख, शान्ति, समृद्धि, स्नेह-सहयोग, धन-धान्य और वैभव हो। न कटुता हो न तिक्तता, न जीत हो न पराजय, न द्वेष हो न घृणा। 'औरत की ओढ़नी से बदरंग पैबन्द, का इतिहास भी न हो किन्तु यह कवि की एक आदर्श कल्पना है। यथार्थ इससे अलग है। जीवन-जगत का यथार्थ देवताले को विचलित करता है। उनकी कविता 'समय की आँख' बनकर वह सब कुछ देखती है जो जहरीली सदी में घटित हो रहा है। अँधेरे का महासमुद्र लहराता देख कवि को यह पूछना पड़ता है कि क्या सचमुच सुबह हो गई है—

''तुम मुझसे पूछते हो
मैं तुमसे पूछता हूँ

सुबह हो जाने के बाद
क्या सचमुच सुबह हो गई है।''
(लकड़बग्घा हँस रहा है, पृष्ठ 13)

स्वतन्त्रता के बाद कवियों का जो मोह-भंग हुआ था वह अकारण नहीं था। वह एक तरह से समय का साक्षात्कार था। वह पीड़ा थी जो सपनों के पूरा नहीं होने के कारण उपजी थी। उस सुबह के आगमन की प्रतीक्षा की उदासी थी जो अब तक नहीं आयी थी। चन्द्रकान्त देवताले का भी मोह-भंग हुआ था और इसी ने उन्हें आक्रोश और अमर्ष का कवि बना दिया था। उनमें विरोध और आक्रामकता की भरमार हो गई थी। नकार और निषेध उनकी प्रवृत्ति बन गई थी। वे यह पूछने लगे थे कि सामान्य जन की बदनसीबी के अन्त का सबेरा कब होगा?

''कब आयेगा और कैसे
कब टूटेगी यह नींद
और हत्यारों का टेंटुआ मसकते हुए
कब कहेंगे हम....
आदमी के बदनसीबी के अन्त का सबेरा?''

चन्द्रकान्त देवताले के यहाँ प्रश्नों की भरमार है। वे प्रश्नों से जूझते और टकराते हैं। जीवन से सीधे-सीधे संवाद करते हुए समय, समाज और वातावरण को अपने तरीके से पहचानने की कोशिशों में उनके यहाँ प्रश्न अकस्मात उभरते जाते हैं जो किसी न किसी समस्या, पीड़ा, कष्ट और त्रासद घटनाओं को अपने भीतर समेटे हुए होते हैं। उनमें वायवीयता के लिए कोई अवकाश नहीं होता। उनमें यथार्थ का स्पदंन होता है। भीतर से उपजने के कारण उनमें स्वानुभूति और सच्चाई का सन्निवेश रहता है। इसीलिए देवताले की कविता जीवन के यथार्थ की कविता है। यथार्थ भी ऐसा कि जिसे कवि ने स्वयं भोगा और चखा है। यही कारण है कि वह अखबारी यथार्थ की सीमा के परे है। सुबह के अखबार के यथार्थ से अपनी कविता के यथार्थ की भिन्नता बतलाते हुए देवताले लिखते हैं—"मैं देखता हूँ चीजों को/धड़कनों के भीतर तक जाकर/और कहता हूँ कुछ इस तरह से/जैसे मैं जो कुछ कह रहा हूँ/वह देख सुनकर ही नहीं/चखकर भी आया हूँ/और यह उससे कितना भिन्न है/जो सुबह अखबार में/किसी को भी आँखे देखती हैं।" (लकड़बग्घा हँस रहा है, पृष्ठ 101)। वस्तुतः यह कवि की रचना प्रक्रिया की अभिव्यक्ति है। धड़कनों के भीतर तक जाने का ही परिणाम है कि वह 'हड्डियों में छिपा ज्वर' की पीड़ा पहचान सका है।

वह सामाजिक, राजनैतिक एवं आर्थिक मोर्चों पर संघर्ष करते आदमी के पक्ष में खड़ा दिखाई देता है। भय, हत्या, हिंसा और हिकारत की बढ़ती प्रवृत्ति के खिलाफ मानवीय प्रेम, करुणा, और आशा-आकांक्षा को बचाये रखने की गुहार लगाता हुआ प्रतीत होता है। कवि-कर्म की जटिलता, समय की भयावहता और अन्तर्विरोधों के बीच वह एक ऐसी दुनियाँ रचना चाहता है जिसमें सुबह और सूरज की लालिमा हो। अनुराग और आकर्षण हो। हँसती, गाती औरतें हों। किलकारी भरते बच्चे और प्रेम करती स्त्रियाँ हों। पानी, पत्थर, अन्न और घोड़ों तक में अग्नि का वास हो तथा यह अहसास हो कि "दुनिया का चेहरा सुन्दर बनाने के लिए/एक हरी पत्ती भी मददगार हो सकती है।''

मानव-जीवन में कविता की सार्थकता और उसकी भूमिका पर सतत विचार होता आया है। चन्द्रकान्त देवताले ने कवि-कर्म के बहाने कविता की उपादेयता पर गम्भीर चिन्तन किया है। उनकी प्रसिद्ध कविता 'गाँव तो थूक नहीं सकता था मेरी हथेली पर' कवि-कर्म की विशेषताओं के रेखांकन के साथ ही व्यक्ति और समाज के अन्तर्सम्बन्धों की गहन पड़ताल की कविता है। देवताले को कविता की ताकत का अहसास है। उन्हें यह मालूम है कि भोंडे प्रदर्शनों के आगे कविता कुछ नहीं कर पायेगी—"वह कविता/जो चाहे एक हजार भौंकते कुत्तों के बराबर हो/पर हाथी पर जब निकलेगा वह लुंज-पुंज बच्चा/तब कविता कुछ नहीं कर पाएगी क्योंकि/लाचार लोग तब सड़कों पर छज्जों और पेड़ों को/अपने से पाटकर/दागी जाने वाली तोपों को/सलामी देते से लगेंगे।" (दीवारों पर खून से, पृष्ठ-40)। इसके बावजूद उनकी कविता 'चीख और माचिस' का समीकरण तलाशती है ताकि चीख क्रान्ति की ज्वाला बन सके। चीत्कार उष्मा में परिवर्तित हो सके लेकिन यह हाथ पर हाथ धरे रहने से नहीं होगा। हाथ की सक्रियता के बिना क्रान्ति सम्भव नहीं है क्योंकि कविता अगर चकमक भी बन जाय तो भी वह सिर्फ सिगरेट सुलगाने का काम कर सकती है—

''अगर हाथ पेंट की जेब में है
और आँखें कविता के इतिहास पर
तो मुँह से निकलने वाली कविता
अगर चकमक का काम करती भी है
तो केवल उससे क्रान्ति ब्रांड
सिगरेट सुलगा सकती है।''

(दीवारों पर खून से, पृष्ठ 56)

'पत्थर की बेंच' काव्य-संग्रह में देवताले ने कवि-कर्म सम्बन्धी जिन कविताओं को स्थान दिया है उनमें एक ओर उनकी कविताई को परखने की सम्यक कसौटी है तो दूसरी ओर कविता और मनुष्य के बीच के घनिष्ठ सम्बन्धों का रेखांकन है। जीवन में व्याप्त द्वन्द्ध और तनाव तथा अन्तर्विरोधों और उठा-पटक के बीच सच्चाई तलाशने के क्रम में कविता को 'मानवीय जिरह' के रूप में देखने की कोशिश है। यही कारण है कि उनकी कविता 'प्रसूति गृह से लेकर मसान तक' यानी जन्म से लेकर मृत्यु तक फैले नाना षडयन्त्रों, कपटों, छल-छद्मों को उजागर करने से हिचकती नहीं है। 'नरमुण्डों के नगर' और 'नरभक्षी कारखानों' को देखने वाली देवताले की आँखें 'व्यापार में प्रशिक्षित' कौवों के कपट-जाल को न केवल ताड़ जाती हैं बल्कि 'अग्निबीजों' के सामर्थ्य पर भरोसा रखते हुए उनके संहार की उम्मीदें भी पालती हैं किन्तु परिस्थितियाँ इतनी भयावह हैं कि 'साँप की तरह फुफकारती' कवि की आवाज भी व्यवस्था-परिवर्तन में समर्थ नहीं दिखती। ऐसा इसलिए कि अधूरे नाटक के आत्मघाती दृश्य में अपना कुछ भी नहीं है—

''अधूरे नाटक के
आत्मघाती दृश्य में
कब तक धँसे रहना
आखिर क्यूँ धँसे रहना
जिसमें रोना तक नहीं अपना
जिसमें मरना तक नहीं अपना।''

(दीवारों पर खून से, पृष्ठ 49)

चन्द्रकान्त देवताले की कविता ऐसे कठिन समय की गवाह है जिसमें एक सामान्य जन का दैनिक जीवन खुरदरे और अप्रीतिकर यथार्थ से सम्बद्ध है। भूख, भय, हिंसा और अनेक त्रासद स्थितियों से गुजरता आम आदमी देवताले की काव्य-संवेदना का केन्द्रक है। जीवन में प्रविष्ट आपाधापी, भागदौड़, यान्त्रिकता, आर्थिक तथा सांस्कृतिक विपन्नता, मूल्यहीनता, अनैतिकता तथा अनास्था के इस भीषण समय को कवि जहरीली सदी की संज्ञा देता है। उसे लगता है कि सब कुछ सड़ रहा है। वह सड़ान्ध के कारणों पर विचार करता है तो पाता है कि उसके मूल में राजनीति के झण्डाबरदार हैं—

''खून के गाढ़े चकत्तों के भीतर
धँसकर सड़ रही है
जो जहरीली सदी

उसके लिए जिम्मेदार हैं
आदमी की खाल में
गधे और गड़ेरिये का
आधा-आधा भेजा लिए
घूमते, राजनीति के झंडाबरदार
पूरा देश बूचड़खाने की तरह।''

(वही, पृष्ठ 12)

जिस राजनीति को प्रजा का पोषक होना चाहिए था। जिसे प्रजा के सुख-दुख में भागीदार होना चाहिए था अगर वही प्रजा की हत्या में संलिप्त हो तो कवि का चिन्तित होना स्वाभाविक है लेकिन इससे भी बड़ी चिन्ता उसे इस बात की है कि प्रजा में प्रतिरोध का स्वर क्यों नहीं है? वह इतनी सहिष्णु क्यों है? वह सत्ता की नृशंसता के विरोध में मुखर क्यों नहीं है? कवि प्रतिक्रियाहीन और निष्क्रिय समाज पर करारा प्रहार करता है—

''जिसे सड़क से उठा सिंहासन पर बिठाया तुमने
और बदले में जिसने
दुःस्वप्नों के जंगली कुत्तों को छोड़ा तुम्हारी नींद में
वही दयालु प्रभु
आ रहा है फाँसीघर का शिलान्यास करने
जय दुन्दुभि बजाने में कोई कसर नहीं रहे
सताए हुए लोगों
तुम्हारी सहिष्णुता सदियों चर्चित रहेगी इतिहास में।''

(पत्थर की बेंच, पृष्ठ 36)

देवताले उन चीजों, घटनाओं, प्रसंगों तथा आचरण-व्यवहारों के कटु आलोचक हैं जिनसे मनुष्यता कलंकित होती है। वे उन पर हँसते हैं, प्रहार करते हैं, कभी चुटकी लेते हैं। व्यंग्य की पैनी धार से मर्मस्थल को बेधने का काम करते हैं। उनकी कलम कहीं आलपीन चुभोती है तो कहीं नश्तर लगाती है। उनका प्रसिद्ध काव्य-संग्रह 'लकड़बग्घा हँस रहा है' अपनी प्रतीकात्मकता में बहुत कुछ कहता है। वह 'न्याय की लम्बी सुरंग में सवर्ण हँसी' हँसते हुए उन नेताओं, राजदूतों और हत्यारों की बात कहता है जो अन्याय, अत्याचार और जुल्म का पहाड़ खड़ा करते हैं—"इस अँधेरी रात की नब्ज को थामे हुए/कह रहा हूँ/वे तीमारदार नहीं/हत्यारे हैं/और वह आवाज खाने की मेज पर/बच्चों की नहीं/लकड़बग्घे की हँसी है।" (लकड़बग्घा हँस रहा है,

पृष्ठ 64)। देवताले को मौत से भी अधिक भयावह वह कपट लगता है जो पीछे से छूरा घोंपने का काम करता है। उन्हें आत्मघात से अधिक नुकसानदायक वह चुप्पी लगती है जो सच को सच के रूप में प्रकट नहीं करती। इसीलिए उन्हें 'खामोशी में छेद' आवश्यक लगता है—

''क्योंकि मौत से भी भयावह है
चीजों में छिपा हुआ कपट
जो किसी भी बच्चे के जन्मदिन को
यातना का तहखाना बना सकता है
संगीनों की नोक से भी ज्यादा खौफनाक है
सूचनाओं की सदाशयता/जो मौत को ठंड
भूख को मक्खी/बहते खून को पानी का नाम दे सकती है
ऐसे में आत्मघात से अधिक नुकसानदेह होगी
वह चुप्पी/जो दुश्मन को दुश्मन, भेदिया को भेदिया
नहीं कह सकती।'' (दीवारों पर खून से, पृष्ठ 75)

विसंगतियों, विडम्बनाओं और विभीषिकाओं से भरे वर्तमान जीवन की दुर्दशा के अनेक चित्र 'पत्थर की बेंच' नामक काव्य-संग्रह में हैं। पत्थर की बेंच प्रतीक है उस अवलम्बन की जिस पर किसी बेचारा, बेसहारा, अभावग्रस्त को कुछ समय के लिए विश्राम मिलता है लेकिन उसे भी कुछ लोग हथियाने के प्रयास में रहते हैं। कवि को लगता है कि यह पत्थर की बेंच भी हत्या का कारण बन सकती है। इसे भी लूटकर ले जाया जा सकता है—

''इस पत्थर की बेंच के लिए भी
शुरु हो सकता है किसी दिन
हत्याओं का सिलसिला
इसे उखाड़कर ले जाया
अथवा तोड़ा भी जा सकता है।'' (पत्थर की बेंच, पृष्ठ 98)

देवताले की कविता का परिसर बड़ा है। उसमें ग्राम्य-जीवन है तो कस्बे की दुनिया भी है। तापती का कोमल किनारा है तो सतपुड़ा की चट्टानें भी हैं। अफीम के खेत हैं तो बबूल के काँटे भी हैं। भैसों और गायों के थन हैं तो गुड-धानी के लिए चीखते बच्चे भी हैं। चक्की पीसती माँ है तो मकई का आटा गूँथते हाथ हैं। परम्परा है तो आधुनिकता भी है। मुक्तिबोध की कविताई है तो श्रीकान्त वर्मा का प्रभाव भी है। चकमक पत्थर है तो डोमों की चिता भी है। जीवन-जगत की विसंगतियाँ हैं तो

प्रेम की आकर्षक दुनिया भी है। लोक की विपुल थाती है तो शास्त्र-ज्ञान का विपुल भण्डार भी है। लकड़बग्घे की हँसी है तो दीवारों पर खून भी है। भूखण्ड का ताप है तो रोशनी का मैदान भी है। कहना न होगा कि देवताले की कविता विविधवर्णी और बहुआयामी है जिसमें आदमी के समक्ष संकट और चुनौतियाँ हैं तो उनसे जूझने और टकराने का साहस और संकल्प है। जो बुझा है उसे हरा करने की ताकत है।

स्त्री की कई छवियाँ देवताले की कविता में विद्यमान हैं लेकिन खेतों में काम करती, घास का गट्ठर बेचती, कपड़े पछीटती, आटा गूँथती, दूध के झरने बहाती, मद्यपी पति की प्रताड़ना सहती स्त्री की मौजूदगी उनके यहाँ सर्वाधिक है। रसोई में अपनी उम्र का अधिकांश हिस्सा बिताने वाली स्त्री के प्रति कवि की सहानुभूति और संवेदना का विस्तार कुछ अधिक ही है। उसे लगता है कि 'घर' का आविष्कार स्त्री से शत्रुता निकालने के लिए किया गया है'—ईश्वर तुमने घर कामों की फेहरिस्त इतनी अन्तहीन क्यों/बनने दी अटूट सिलसिला खत्म कुछ होता ही नहीं/क्या तुम औरतों से दुश्मनी तो नहीं निकाल रहे थे उस वक्त/जब तुमने घर जैसी चीज़ का आविष्कार किया।" (पत्थर की बेंच, पृष्ठ 47)।

देवताले के स्त्री-चिन्तन की सबसे बड़ी विशेषता यह है कि उसका परिवेश आम आदमी की दुनिया का है। उनका स्त्री-चिन्तन उन सभी वितण्डवादों से मुक्त है जहाँ स्त्री सिर्फ और सिर्फ उपभोग की वस्तु है। पाश्चात्य समीकरणों से युक्त स्त्री उनकी कविता का विषय नहीं है। वर्तमान स्त्री-विमर्श के झंडाबरदारों की कल्पिता स्त्री भी उनकी कविता में नहीं मिलती है। देवताले की कविता देह की स्वतन्त्रा, स्वेच्छाचार और अतिवादी सोच वाले आन्दोलनों से परहेज की कविता है। ठेठ भारतीय नारी की, भौतिक और भौतिकेतर दुनिया से गुजरती 'तवे की-सी किस्मत' को भोगने वाली निम्नवर्गीय औरत की कविता है जो सुबकने के लिए भी आजाद नहीं है। उसे सुबकने की भी आजादी तब मिलती है जब उसका शराबी पति नशे में बिस्तर पर निढाल हो जाता है—"अब वह आजाद थी सुबकने के लिए/उसके खर्राटों का निनाद/और नींद का अँधेरा मददगार था/और इसी आजादी के साथ/वह उसके जूतों के तस्में खोलने लगी।" (वही, पृष्ठ 33)। देवताले के यहाँ 'नहाते हुए रोती हुई औरत' भी है जिसके रोने का रहस्य बता पाने में वे अपने को असमर्थ महसूस करते हैं -वह इसलिए कि कोई सामान्य दु:ख भारतीय नारी को रुला नहीं सकता—"फिर भी मैं बता नहीं सकता/उसके रोने का रहस्य/हालाँकि जानते हैं सब/मामूली वजहों से अकेले में/कभी नहीं रोती कोई औरत।" (वही, पृष्ठ 38)। क्योंकि स्त्री के भीतर पृथ्वी की तरह ब्रह्माण्ड की खुशियों के झरने प्रवाहित होते रहते हैं—

''हजार तरीकों से प्यार किया है हमने
पृथ्वी से
और स्त्री से
दोनों के भीतर हैं ब्रह्माण्ड की खुशियों के झरने
दौड़कर छू लेने वाली आँखों से देखो
सब देखो
नीली गौरेया
नदी को देख रही है
तिरछी नज़र से।'' (भूखण्ड तप रहा है, पृष्ठ 83)

स्त्री ही कवि को प्रेम, फूल और कविता के बारे में सोचने की सामग्री देती है। वही है जिससे वह अपने को पहचानता है—"स्त्री के साथ और उसके भीतर रहकर ही मैंने अपने को पहचाना है।" इतना ही नहीं उसे एक स्त्री को समझने के लिए हजार साल की जिन्दगी अपेक्षित है। देवताले को प्रेम करती हुई स्त्री की दुनिया के परे का कुछ भी स्वीकार्य नहीं है—

''प्रेम करती हुई औरत के बाद भी अगर कोई दुनिया है
तो उस वक्त वह मेरी नहीं है
उस इलाके में मैं साँस तक नहीं ले सकता
जिसमें औरत की गन्ध वर्जित है
सचमुच मैं भाग जाता चन्द्रमा से फूल से कविता से
नहीं सोचता कभी कोई भी बात
जुल्म और ज्यादती के बारे में
अगर नहीं होतीं प्रेम करने वाली औरतें इस पृथ्वी पर।''

(आग हर चीज में बताई गई थी, पृष्ठ 36)

इसी सन्दर्भ में देवताले की 'माँ पर नहीं लिख सकता कविता' भी ध्यातव्य है जिसमें उनकी स्पष्ट घोषणा है कि कोई भी पदार्थ, व्यक्ति, वस्तु अथवा भाव कविता का विषय हो सकता है और उस पर आसानी से लिखा भी जा सकता है किन्तु माँ का अवदान और प्यार इतना उदात और इतना अनन्त है कि उसके विस्तार को कविता में समेट पाना सम्भव ही नहीं है—

''माँ ने हर चीज के छिलके उतारे मेरे लिए
देह, आत्मा, आग और पानी तक के छिलके उतारे
और मुझे कभी भूखा नहीं सोने दिया

मैंने धरती पर कविता लिखी है
चन्द्रमा को गिटार में बदला है
समुद्र को शेर की तरह आकाश के पिजड़े में खड़ा कर दिया
सूरज पर कभी भी कविता लिख दूँगा
माँ पर नहीं लिख सकता कविता।" (वही, पृष्ठ 13)

देवताले मानवीय गरिमा की उपस्थिति और उसके निरन्तर विकास की कामना के कवि हैं। उनकी सहानुभूति और संवेदना का विस्तार उस हर वस्तु और प्राणी के साथ है जो मानवता के पाट को थोड़ा और चौड़ा करते हैं। यही कारण है कि उन्हें मनुष्य विशेषत: स्वार्थी मनुष्य की तुलना में पेड़ अधिक गरिमापूर्ण लगते हैं। वे उन्हें आदमी को आदमीयत के नजदीक लाने की कोशिश करते हुए दिखाई देते हैं। वे फूल और फल तो देते ही हैं प्रेम के लिए छाया के साथ-साथ थोड़ी आड़ भी देते हैं। जहाँ मनुष्य काठ निर्मित चिड़िया दीवारों पर ठोक कर प्रसन्नता का अनुभव करता है वहीं पेड़ चिड़ियों को निरन्तर अपने कंधों पर बिठलाते हैं। ताकि आदमी के बच्चों में उनके प्रति दिलचस्पी बनी रहे और वे उनसे संगी त का श्रवण करते रहें।

भय, भूख, अन्याय और अत्याचार वाले इस भीषण समय में देवताले की कविता आशा, आकांक्षा, आस्था और जिजीविषा का सन्देश देती है। अँधेरे के बावजूद कहीं चिड़िया रोशनी के मैदान की ओर ले जाती है तो कहीं हवा जंगल की चुप्पी तोड़ने तथा समुद्र को मथने के लिए प्रयत्नशील दिखती है। बसन्त पृथ्वी की आँख है ही जिससे वह सपने देखती है। उन सपनों की साकारता का सपना देखना देवताले का अभीष्ट है।

विश्वनाथ प्रसाद तिवारी : मानवीय उदात्तता की संवेदनशील आकांक्षा

संवदेनाओं के इस ह्रासोन्मुख समय में अगर प्रो. विश्वनाथ प्रसाद तिवारी को यह विश्वास है कि "अँधेरे में चिड़ियों की तरह चहचहाती/गूँजती रहेंगी कवितायें।" तो इसलिए कि कविता शब्द और अर्थ का संगुफन मात्र नहीं है बल्कि वह "सबसे सुन्दर सपना है/सबसे अच्छे आदमी का।" जाहिर है जब तक सुन्दर सपना देखने वाली आँखें रहेंगी तब तक कवितायें रची जाती रहेंगी। भले ही खून को स्याही और स्याही को खून में बदलते हुए कविता के शहर पर हमले होते रहें लेकिन कविता का लिखा जाना बन्द नहीं होगा। यह बात अलग है कि बेहतर दुनिया की निर्मिति में उलूल जुलूल कविता का विशेष सहयोग नहीं हो सकता। दुनिया की बेहतरी के लिए कविता का बेहतर होना जरूरी है। तिवारी जी का मानना है कि बेहतर कविता बेहतर कवि ही लिख सकता है—"बेहतर कविता लिखेगा वही/जो बेहतर कवि होगा।" (बेहतर दुनिया के लिए, पृष्ठ सं. 116)। इस तरह तिवारी जी दुनिया की बेहतरी को आधार बनाकर कवि और कविता की परख की कसौटी निर्मित करते हैं। इसी परिप्रेक्ष्य में वे मानवीय मूल्यों की प्रतिष्ठा की वकालत भी करते हैं। वे मानते हैं कि कविता मानवीय उदात्तता की संवेदनशील आकांक्षा है। कवि अपनी कविताओं द्वारा संवेदना के पाट को और विस्तार देता है—

''जो लिखते हैं कविताएँ
और करते हैं प्यार
वो धरती को थोड़ा और चौड़ा करते हैं
थोड़ा और गहरा
थोड़ा और नम।''

(बेहतर दुनिया के लिए, पृष्ठ सं. 113)

बेहतर और निरापद जीवन-परिवेश के निर्माण के आग्रही प्रो. विश्वनाथ प्रसाद तिवारी मानव गरिमा और मनुष्य की स्वतन्त्र अस्मिता के साथ-साथ जिजीविषा और सामूहिक संघर्ष चेतना को अपनी कविता का विषय बनाते हैं। वे परिस्थितियों से समझौता नहीं बल्कि जूझने और संघर्ष करने की वकालत करते हैं। 'कवि ने कहा' की भूमिका में वे स्वीकारते हैं—"भय जहाँ भी दिखता है, जिन आँखों में भी, मुझे रचनात्मक बनाता है। और कुछ कहने के लिए प्रेरित करता है। खासतौर से जो बेज़बान हैं, पराधीन हैं और अपने विरुद्ध किए जा रहे उत्पीड़न का विरोध नहीं कर सकते, उनके ऊपर होने वाले अत्याचार मुझे विचलित करते हैं। इसलिए पशुओं, बच्चों और स्त्रियों से सम्बन्धित बिम्ब मेरी कविता में प्राय: आते हैं। वे पराधीन जीव हैं जो स्वतन्त्रता का स्वाद नहीं जानते हैं।" (पृष्ठ ९)। स्वतन्त्रता परतन्त्रता का विलोम है। पराधीन को सपने में भी सुख नसीब नहीं होता। उसे बार-बार अपमानित और अनादृत होना पड़ता है। यातनायें सहनी पड़ती हैं। तिवारी जी ने सामाजिक विषमता और पराधीनताबोध को बहुत नज़दीक से देखा है—"मेरी कविताओं में ऐसे शब्द, बिम्ब या प्रतीक अधिक हैं जो भोगते हुए, जूझते हुए मनुष्य से सम्बन्धित हैं। मैं गरीब देहाती दुनिया से आया हूँ और मेरे शुरु के बीस वर्ष उस अनाथ साधनहीन मनुष्य के बीच गुजरे हैं, जिसे बार-बार अपमानित होते तथा यातनायें सहते देखा है।" (वही, 'कुछ और' शीर्षक से भूमिका, पृष्ठ ९)। यही कारण है कि तिवारी जी की कविता आम आदमी की वाणी बनती है। उनके दु:खों, अभावों, यातनाओं और संघर्षों की बेबाक दैन्य कथा रचती है। किसानों, श्रमिकों, मजदूरों के अन्तहीन शोषण की गवाही देती है परन्तु उसे अत्यधिक पीड़ा तब होती है जब उनके श्रम का कोई मोल, महत्त्व नहीं होता। कहीं भी उनका योगदान दर्ज नहीं होता। इतिहास में तो बिल्कुल ही नहीं—

"जिन्होंने खेतों में फलियाँ उगायीं
और कारखानों में लोहा गलाया
और ताजमहल और लाल किला बनाया
जो अन्धड़ में मच्छरों की तरह मरते
और नालियों में कीड़ों की तरह बिलबिलाते रहे
नहीं थे उन जिल्दों में वे शूरमा।"

(बेहतर दुनिया के लिए, पृ. 86)

संवेदना कविता की पूँजी है। उसी का विकास वस्तुत: कविता का विकास है। 'मा निषाद प्रतिष्ठाम:' से शुरु हुई यह यात्रा अनवरत गतिमान है तो इसलिए कि संवेदनायें कभी मरती नहीं हैं, यद्यपि जीवन-जगत में हो रहे बदलावों, आवेगों, दबावों

और जटिलताओं से उनका स्वरूप बदल जाता है। कभी उनमें क्षीणता आती है तो कभी प्रबलता। कभी ह्रासोन्मुखता तो कभी विकसनशीलता। संयोग से जब भी ऐसा होता है कविता में एक नयापन आता है लेकिन कुछ लोगों का मानना है कि कविता में नवीनता आने का कारण विचारधारा है। कुछ अतिवादियों ने तो केवल विचारधारा से ही कविता के सम्भव होने की बात सवीकार की है। प्रो. विश्वनाथ प्रसाद तिवारी इसका खण्डन करते हैं। उनकी दृष्टि में संवेदना के बिना कविता का अस्तित्व ही नहीं हो सकता—"रचना का केन्द्र संवेदना है, विचारधारा नहीं। सृजनात्मक लेखन विचारधारा के बिना तो सम्भव है, संवेदना के बिना नहीं। संवेदना से विचारधारा तो पैदा होती है पर विचारधारा से संवेदना का पैदा होना कठिन है। संवेदना ही लेखक को जगत से जोड़ती है। रचनाकार अपनी संवेदना, प्रतिभा और कल्पना शक्ति के द्वारा बहुत कुछ ऐसा देख लेता है जिसे इतिहासकार, सिद्धान्तकार या समाजशास्त्री नहीं देख पाता।" (अभिनव इमरोज, व्यक्ति विशेष दस्तावेज-2, डॉ. विश्वनाथ प्रसाद तिवारी, पृष्ठ सं. 219)। कहना न होगा कि प्रो. तिवारी की संवेदना के विस्तार में गाँव, नगर, महानगर से लेकर वियतनाम तक की दुनिया विद्यमान है। अपनी संवेदनीयता में कवि ने वहाँ की जिन्दगी, अमानवीयता और पीड़ा का जो विद्रूप देखा है उसे अत्यन्त मार्मिकता के साथ प्रस्तुत किया है। देश हो अथवा विदेश, गाँव हो अथवा नगर समस्यायें लगभग एक जैसी हैं। शोषक और शोषित की रीति-नीति और दशा में कोई बहुत फर्क नहीं है। तिवारी जी मानते हैं कि व्यवस्था कोई भी हो उसमें संवेदना नहीं होती—

"वे हमेशा बेरहम होते हैं
दूसरों का आकाश अपनी मुट्ठियों में बन्द करने वाले
निचोड़ लेते हैं होठों की मुस्कान
धनहर खेतों में सुरंगे बिछा देते हैं
कोई भी नाम दे लो
उनकी व्यवस्था में कोई संवेदना नहीं होती।"

(बेड़ियों के विरुद्ध, सन्दर्भ बीयतनाम, साथ चलते हुए, पृष्ठ 9)

आजादी के बाद की हिन्दी कविता में आजादी से मोहभंग का आख्यान बार-बार आया है। स्वतन्त्रता प्राप्ति के साथ बहुत कुछ बदल जाने की कल्पना और कामना जुड़ी थी लेकिन ऐसा कुछ हुआ नहीं। सत्ता बदली लेकिन भ्रष्टाचार, शोषण और दमन का स्वरूप नहीं बदला। अमानवीयता, क्रूरता और भय का वातावरण नहीं बदला।

बहुत कुछ वैसा ही चलता रहा जो अंग्रेजों के समय में था-षडयन्त्र, अपराध, विभेद और स्वार्थ। तिवारी जी की कविताओं में ऐसे भयावह चित्र बार-बार उभरे हैं। 'कतवारु की मृत्यु पर' शीर्षक कविता को नमूने के तौर पर यहाँ देखा जा सकता है—

"जो गुलामी में जन्मा
आजादी में बूढ़ा हुआ
और दर्द की एक शताब्दी गुजार दी जिसने
बिना चीखे चिल्लाये हुए
उसे याद नहीं कितनी बार उसने रिश्वत दी
कितनी बार पीटा गया
फजीहत हुआ
लेकिन वह जीवन भर डरता रहा
पटवारियों की कलम और थानेदार के तमंचों से।"

जनाकांक्षा की पूर्णता का अभाव दुखी और चिन्तित करने का एक बड़ा कारण तो है ही उससे बड़ी चिन्ता का कारण रक्षक के भक्षक होते जाने का है—अपहरण और हत्या का है—

"कब आयेगा उसकी समझ में
कि चौराहे का सिपाही
जिस सड़क पर हरी झण्डी देता है
उस पर दिन दहाड़े अपहरण होते हैं
और वह सड़क अलगर्ज चलने वालों को
उस माँद की ओर ले जाती है
जहाँ से लौटने वाले पैरों के निशान नहीं दिखाई देते।"

(बेहतर दुनिया के लिए, पृष्ठ 54)

कहाँ प्रजातन्त्र को 'जनता द्वारा जनता के लिए जनता का शासन' कहा गया था किन्तु वह तो जनता की आकांक्षाओं को पूरा करने में सफल नहीं दीखता तो इसका कारण राजनीति के अपराधीकरण, भाई-भतीजावाद, परिवारवाद, लूटतन्त्र, भ्रष्टाचार तथा पंगु न्यायव्यवस्था की जड़ों में तलाशा जा सकता है। स्वाधीन भारत की पूँजीपरस्त राजनीति तथा लोकतान्त्रिक सामन्तशाही के अन्तर्विरोधों में आम आदमी की समस्याओं को नजरअन्दाज करते जाने की बढ़ती दुष्प्रवृत्ति में ढूँढ़ा जा सकता है। सामान्य जन तो प्रजातन्त्र को पालकी की तरह कन्धे पर ढोने के लिए विवश है। उसके लिए आजादी का फलितार्थ दूर बर्फीली चोटी पर चमक रही परी

की तरह है जिसे पाने के लिए वह लगातार चल रहा है—"ताकत भर/कन्धे बदलते और पसीने पोंछते हुए।" (बेहतर दुनिया के लिए, पृष्ठ 28)। तिवारी जी की 'तन्त्र और जन;, 'न्याय' एक राजस्थानी मजूर', 'सड़क का बूढ़ा', 'तथाकथित जनता का आदमी', 'फैसला' आदि कविताओं में राजनैतिक सामाजिक एवं न्यायिक विसंगतियों, विडम्बनाओं तथा विद्रूपताओं को देखा परखा जा सकता है। पूँजीवादी प्रजातन्त्रीय व्यवस्था में अमीर और अधिक अमीर हुआ है जबकि गरीब लगातार गरीब होता जा रहा है। मालिक और नौकर के बीच के सम्बन्धों को उजागर करती तिवारी जी की 'वे' शीर्षक कविता अमानवीयता एवं क्रूरता का वीभत्स उदाहरण है—

''देखते रहते हैं वे
मालिक को चाबुक फटकारते
और मुर्गा चबाते
जो हड्डियाँ चूस कर इधर-उधर फेंकता जाता है
नौकर जिसकी गर्दन से खून रिस रहा है
भद्दे ढंग से नाचता है।
वे फेंकी हुई हड्डियों पर झपटते हैं
उन्हें उठाकर चूसते हैं
और बची हुई हड्डियों को जेब में डाल लेते हैं।''

(वे, सैमुएल बेकेट के प्रति आभार सहित, साथ चलते हुए, पृष्ठ 30)

स्वतन्त्रता के स्वर्ण जयन्ती वर्ष में आकलन-मूल्यांकन की दृष्टि से ढेरों साहित्य लिखा गया है लेकिन शब्दों की मितव्ययिता में लिखी गई डॉ. विश्वनाथ प्रसाद तिवारी की कविता 'पचास वर्ष पूरे होने पर' अपनी व्यंग्यात्मकता और चमत्कारिता में बेजोड़ है। उपमा अलन्कार के माध्यम से मानस पटल पर उभरता पचास वर्ष का यह चित्र अद्भुत है—"लुत्ती सा चमका/बादल सा फटा/तम्बू सा उखड़ा/पत्ते सा झरा/पचास वर्ष।" (फिर भी कुछ रह जायेगा, पृष्ठ 66)। उपमानों का यह नवीन प्रयोग अपनी अर्थवत्ता में बहुत कुछ कहता है।

भूमंडलीकरण और बाजारवाद के इस युग में मानवीय संवेदनायें निरन्तर क्षीण हो रही हैं। स्नेह, सौहार्द्र, आत्मीयता और बन्धुत्व पर वणिकवृत्ति की काली छाया मँडरा रही है। अर्थ-कीट सम्बन्धों के मूलोच्छेदन में लगा हुआ है। धरती, ऊसर, सागर व्यथित और आकाश लहूलुहान हो रहा है। जिस रत्न प्रसवा की अनन्त उर्बरा कोख में न जाने कौन-कौन से रत्न छिपे हैं और जिसके लिए ऋषियों ने गान रचे हैं वही कोख आज बाँझ हो रही है। वही धरती माँ आहत है। उसके आँचल जल रहे हैं।

वह कटी-फटी, जली-भुनी, सड़ी-पड़ी है। सब कुछ कवि की आँखों के सामने हो रहा है—"चल रही आरियाँ/कराह रही पत्तियाँ/चीख रही घाटियाँ/भाग रहा हिरनों का झुण्ड/उतरा रही मछलियाँ/कट रहे देवदारु/रेत हो रही भवतारिणी।" (फिर भी कुछ रह जायेगा, पृष्ठ 85)। तिवारी जी की एक प्रसिद्ध कविता है—'आरा मशीन' जिसमें प्रकृति एवं पर्यावरण के बहाने प्रकारान्तर से व्यापक मनुष्यता के भवितव्य के प्रति चिन्ता प्रकट की गई है। मशीन के आतंक से खिंचकर हिमालय के देवदारु तथा यूकिलिप्टस का दौड़े आना, वृक्षों का कटना, पक्षियों के संगीत का गायब होना, अत्यधिक कोलाहल संकुल वातावरण में मनुष्य की संवेदना का बन्ध्या होना कवि की चिन्ता बढ़ाता है जबकि आरा मशीन को देखकर बच्चा किलकारी भरता ताली बजाता है। वन महोत्सव मनाने की औपचारिकता को व्यंग्यात्मकता से आपूरित कर जिस अर्थवत्ता की सृष्टि की गई है उससे यह कविता अत्यन्त महत्त्वपूर्ण हो जाती है। इसमें पर्यावरण और मनुष्यता को बचाये रखने की चिन्ता के साथ ही तानाशाही सत्ता के विरुद्ध कवि का आक्रोश भी प्रकट हो गया है—"चल रही है वह/इतने दर्प में/कि चिनगारियाँ छिटकती हैं उससे।" (बेहतर दुनिया के लिए, पृष्ठ 9) जीवन का अर्थ ढूँढ़ने की उत्सुकता और व्यग्रता तिवारी जी की कई कविताओं में है। 'मेरी जिन्दगी', 'पानी सा', 'जीवन का अर्थ', 'जीवन-संग्राम', आदि कविताओं में जीवन के रहस्यों से पर्दा उठाने की कोशिश की गई है। कवि को लगता है कि जीवन होने और न होने के बीच की स्थिति है—"होने और न होने के बीच थी/मेरी जिन्दगी/ यदि कोई कहना ही चाहे/इसे जिन्दगी।" (फिर भी कुछ रह जायेगा, पृष्ठ 16)। कभी व्यर्थताबोध के क्षणों में उन्हें महसूस होता कि जीवन का अर्थ वही नहीं है जो अब तक बताया गया है—"अर्थ नहीं था वह/यदि होता/तो आज न लगता व्यर्थ।" (वही, पृष्ठ संख्या 76)। कभी लगता है कि संघर्ष और नित नवीन चुनौतियाँ जीवन का अर्थ देती हैं—"यह चोटी गुजरी वह आयी/वह गुजरी फिर नयी आ गई।" (वही, पृष्ठ 79)। जीवन में भागमभाग और आपाधापी मची हुई है। आज के बाजारवाद ने अर्थलोलुप्ता इतनी बढ़ा दी है कि मन को न तो शान्ति है और न ही शरीर को विश्राम। तिवारी जी भाग दौड़ की व्यर्थता का बोध अपनी कविता 'कहाँ जाना था' में कराते हैं—"पहुँचा कहाँ कहाँ जाना था/रुका चला दौड़ा/अनजान दिशाओं में/ठोकर खाया उड़ा/मुड़ा विपरीत हवाओं में/" चाहिये क्या था? "कभी कामरस, कभी दामरस/ सभी रसों का घोल नाम रस।" इसका परिणाम क्या निकला?—"गला सूखता जाता बियाबान में/नुचे चुथे पाखी सा महाश्मशान में। ......पहुँचा कहाँ कहाँ जाना था।" (वही, पृष्ठ 80-81)। क्या यही जीवन है? कामना, कठिनाई, संघर्ष, अवरोध और

अन्त में श्मशान। जीवन की नश्वरता और क्षणभंगुरता पर ढेरों साहित्य लिखा गया है। भक्त कवियों ने तो जीवन-जगत और माया-मोह के मिथ्यात्व को समझाने में ही अपना जीवन ख़पा दिया। 'फिर भी कुछ रह जायेगा' संग्रह की 'अम्बपाली' कविता में तिवारी जी ने नश्वरता बोध को बहुत ही खूबसूरती से प्रस्तुत किया है—"मंजरियों से भूषित/यह सघन सुरोपित आम्रकानन/सत्य नहीं है अम्बपाली/यही कहा तथागत ने/झर जायेंगी तोते के पंख जैसी पत्तियाँ/ठूँठ हो जायेंगी भुजायें/कोई सम्मोहन नहीं रह जायेगा। पक्षियों के लिए/ इस आम्रकुंज में/यही कहा तथागत ने।" (वही, पृष्ठ 78)। जाहिर है कोई भी संसार से विदा होना नहीं चाहता। कुछ तो ऐसे भी हैं जो अपने को अजर-अमर मानते हैं। कुछ दूसरों की मृत्यु देखकर भी स्वयं मृत्यु बोध से अनजान बने रहते हैं। रूपगर्विता अम्बपाली भी तो मृत्युबोध के नकार के क्षणों में यही चाहती है कि तथागत के वचन सत्य न हों। उसकी मनोदशा और अन्तर्द्वन्द्व के माध्यम से कवि ने नश्वरता सम्बन्धी एक शाश्वत प्रश्न सामने लाकर खड़ा कर दिया है—

"दर्पण से पूछती है अम्बपाली
अपने भास्वर, सुरुचिर मणि जैसे नेत्रों से पूछता है
पूछती है भ्रमरवर्णी स्निग्ध, कुंचित केशों से
तूलिका अंकित भौहों से पूछती है
पुष्पवासित रत्नभूषित त्वचा से
होठों की काँपती कामनाओं से
देह की स्फुलिंगों से पूछती है
अम्बपाली
क्या अन्यथा नहीं हो सकते
सत्यवादी बुद्ध के वचन।"

(फिर भी कुछ रह जायेगा, पृष्ठ सं. 78)

मृत्यु उतनी ही सत्य है जितना जन्म। मृत्यु की पहुँच से बाहर कुछ भी नहीं है। कबीर के इस कथन 'जगत चबेना काल का, कुछ मुख में कुछ गोद' की जमीन पर थोड़ी नवीनता के साथ प्रो. विश्वनाथ प्रसाद तिवारी का कहना है कि जन्म के साथ ही मृत्यु का जन्म हो जाता है। आत्मरक्षा के सभी अस्त्र वस्तुतः मृत्यु के ही अस्त्र हैं। मृत्यु से न छिपा जा सकता है और न ही भागकर बचा जा सकता है। "जब उससे बचने के लिए/मैं भाग रहा था/तेज और तेज/और अपनी समझ से/सुरक्षित पहुँच गया जहाँ/वहाँ वह मेरी प्रतीक्षा में/पहले से खड़ी थी/मेरी मृत्यु।" (वही, पृष्ठ 60)। 'फिर भी कुछ रह जायेगा' संग्रह की 'पूँजी' कविता अपने आकार में छोटी होकर भी

बहुत बड़ा अर्थ-सन्दर्भ समाहित किये हुए है। मिट्टी, पानी, आग और हवा जीवन की पूँजी है। इसी परिप्रेक्ष्य में यदि क्षिति, जल, पावक, गगन, समीर को याद करें तो शरीर संरचना की प्रक्रिया का बोध हो जायेगा। यह पूँजी इस लोक में साथ रहती है और इसे ही लेकर परलोक जाया जाता है—पूरी कविता यहाँ अविकल रूप में प्रस्तुत है—"चुटकी भर मिट्टी/चोंच भर पानी/चिलम भर आग/दम भर हवा/पूँजी है यह/खाने और लेकर/परदेश जाने के लिए।" (पृष्ठ सं. 68)। इसी संग्रह की 'देह' कविता में देह को जिस प्रकार महिमा मण्डित किया गया है वह औरों से न केवल अलग है बल्कि नवोन्मेषशालिता का परिचायक भी है। इसकी ये पंक्तियाँ जीवन और मृत्यु के बीच के द्वन्द्व को मुक्त करने में चाहे सफल भले ही न हों लेकिन नश्वरता के बोध से मुक्ति दिलाने के अपने उद्‌देश्य में सफल हैं—'नश्वर है यह/मगर यही तो मुक्त करती है/नश्वरता के बोध से/(पृष्ठ सं. 27)। इस तरह तिवारी जी की कविताओं में जीवन और मृत्यु के अनेक सन्दर्भ हैं। अनन्त सम्भावनाओं की तलाश और व्याख्या है। जीवन से भागने की नहीं बल्कि लड़ने की प्रेरणा है। यहाँ तक कि चिता पर जलती हुई माँ को भी वे लड़ते हुए ही देखते हैं—

''माँ का आँचल जल रहा था
जिसमें छिपाया करती थी वह हमें
सबसे पहले पैर जले माँ के
फिर सिर जला
जल नहीं रहे थे
माँ के अमृत पयोधर
हमने लपटें तेज की
और तेज की लपटें
माँ अकेली लड़ रही थी
लपटों से/हवा से/आकाश से
सत्तर वर्षों का अनुभव था उसके साथ।''

आठवें-नवें दशक में पिता पर अपेक्षाकृत अधिक कवितायें लिखी गईं। अन्तिम दशक की कविताओं में जो घर वापसी हुई है—उसमें माँ की स्मृतियाँ अधिक मूल्यवान हैं। प्रायः सभी महत्त्वपूर्ण कवियों ने 'माँ' पर कवितायें शायद इसीलिए लिखी हैं। इन कविताओं में एक कवि का माँ के साथ सिर्फ रिश्ता ही नहीं बल्कि एक भारतीय नारी का समूचा जीवन-संघर्ष प्रकट हुआ है। माँ कितनी-कितनी भूमिकाओं का निर्वहन

करती है इसका उल्लेख 'आखर अनन्त' में संगृहित 'माँ नहीं थी' कविता में डॉ. विश्वनाथ प्रसाद तिवारी ने इस प्रकार किया है—

''माँ नहीं थी वह
आँगन थी
द्वार थी
किवाड़ थी
चूल्हा थी
आग थी
नल की धार थी।''

आज का नारी-विमर्श जिस प्रकार पुरुष को प्रतिपक्ष अथवा प्रतिरोध में खड़ा करने की साजिश रच रहा है वैसे में स्त्री-पुरुष के बीच संतुलित और सामंजस्यपूर्ण व्यवहार का दिग्दर्शन बहुत आवश्यक है। कहना न होगा कि तिवारी जी ने अपनी कविताओं के माध्यम से नारी समस्या की जड़ तक पहुँचने की कोशिश की है और इस प्रक्रिया में उन्होंने अनुभव किया है कि नारी की समस्या का समाधान केवल आँसू बहाने अथवा आग उगलने से नहीं हो सकता बल्कि उसके लिए स्वातन्त्र्य, स्वावलम्बन और सामन्जस्यपूर्ण व्यवहार की जरूरत है। नारी परिवार की धुरी है और एक आदर्श परिवार तिवारी जी की कल्पना का उदात विधान। इसीलिए उन्होंने नारी के त्याग और समर्पण की महिमा प्रस्तुत करने में अधिक रुचि दिखाई है। 'फिर भी कुछ रह जायेगा' संग्रह में पति को प्रताड़ित, आदमी को अपमानित और व्यक्ति को व्यथित करने वाली कविताओं का अभाव है लेकिन स्त्री की दयनीयता, हीनता, उपेक्षा, अपमान, तिरस्कार और अत्याचार सम्बन्धी कई कवितायें हैं। अन्य नारीवादियों की भाँति तिवारी जी ने भी स्त्री की परतन्त्रता का एक कारण आर्थिक परनिर्भरता मानी है। इसी से वह डरी सहमी रहती है तथा पति का विरोध करने का साहस नहीं जुटा पाती। आँचल में दूध और आँखों में पानी लिए करुणा की मूर्ति बनी वह जूठे बर्तन धोती, झाड़ू-पोछे के बाद बेटियों को सँवारकर स्कूल भेजती, शिशु रुदन पर बीच ही पूजा छोड़ सू-सू साफ करती, बेटियों के विद्यालय से वापस लौटने पर उनके टंट-घंट में जुटती, संझा की रसोई में जुतती, सबके खाने के बाद बैठती और फिर पति की बाँहों में बेटियों के ब्याह के बारे में सोचते-सोचते सपनों की दुनियाँ में खो जाती और इस तरह नींद में ही सभी तीर्थों की यात्रा पूरी करती है। वह त्याग और सहिष्णुता की ऐसी देवी है जो स्वयं उपवास करती है लेकिन पति परिवार तथा

मेहमान को भोजन कराने में सुख और संतोष का अनुभव करती है—"दोपहर भोजन के आखिरी दौर में/आ गये एक मेहमान/दाल में पानी मिलाकर/किया उसने अतिथि सत्कार/और बैठ गई चटनी के साथ/बची हुई रोटी लेकर।" (फिर भी कुछ रह जायेगा, पृष्ठ सं. 57)। नारी की दिनचर्या का एक कारुणिक आख्यान है जहाँ कवि की भूमिका किसी पैरवीकार की नहीं बल्कि यथास्थितिवादी की है और चिन्तन-मनन तथा निर्णय की जिम्मेदारी पाठकों के ऊपर है। 'बेहतर दुनिया के लिए' संग्रह की 'श्रृंगार करती स्त्री', 'धान रोपती स्त्री' शीर्षक कविताओं में नारी की व्यथा-कथा मुखरित है। 'आखर अनन्त' संग्रह की 'लड़कियाँ', 'वह लड़की', 'रूप कुँवरि' शीर्षक कवितायें भी इस दृष्टि से उल्लेखनीय हैं।

एक समय था जब पत्रकारिता ने जीवन और समाज के अन्तर्सूत्रों को जोड़ने में महत्त्वपूर्ण भूमिका निभाई थी। आशा-निराशा, सफलता-असफलता की अभिव्यक्ति द्वारा कर्त्तव्याकर्त्तव्य के बोधन में मदद पहुँचायी थी वही मीडिया आज अपने दायित्वबोध को निभाने में असफल सिद्ध हो रहा है। विश्वनाथ प्रसाद तिवारी को इसी बात की पीड़ा है कि जिस समस्या को मीडिया (अखबार) में जगह मिलनी चाहिए वह नहीं है लेकिन दूसरी ओर धनबल, बाहुबल और नेताओं के अट्टहास को प्रमुखता प्राप्त है—

'किस टीसन के पास रौंदी गई वह लक्ष्मी
गोदी गई चाकुओं से किस खेत में दुर्गा
किस कोठे पर बेची गई सरस्वती
मगर दूसरे दिन का अखबार
गूँज रहा रेलमन्त्री की दहाड़ से
धनबल, बाहुबल, सुरक्षा बल के अट्टहास में
कहीं एक पंक्ति नहीं थी
उस अनाम अबला के बारे में।'

(फिर भी कुछ रह जायेगा, पृष्ठ सं. 30)

प्रो. विश्वनाथ प्रसाद तिवारी लोकचेतना और लोक-आस्था के कवि हैं। उनकी कविताओं में 'लोक' पूरी तरह समाहित है। खाँटी गँवई संस्कार और ग्राम्य जीवन की छवियों से उनकी कविता जनमानस का यथार्थ प्रतिबिम्ब लगती है तो इसलिए कि कवि का सर्जक मन गाँव से अपने को मुक्त नहीं कर पाता। उसे रचनात्मक ऊर्जा सबसे अधिक वहीं से मिलती है। आम आदमी की व्यथा-कथा कहना तिवारी

जी के लिए फैशन नहीं बल्कि हृदय की अतल गहराइयों से निकली वह आवाज है जिसमें मनुष्य को मनुष्य बनाये रखने की आकांक्षा है। स्वतन्त्रता, समानता और स्वाभिमान के साथ हर आदमी को जीने की अभिलाषा है। मनुष्यता की कल्पना को साकार करने का प्रयास है। विसंगति और विडम्बना का वर्णन भी बेहतर मनुष्य और बेहतर समाज की साकारता के लिए ही हुआ है। उनकी कवितायें दुनिया की बेहतरी के लिए हैं। इसी अर्थ में वे एक बेहतर कवि हैं।

सुनीता जैन : जिजीविषा और आस्था का उत्सव

सुनीता जैन की कविता का परिसर बड़ा है और थोड़ा भिन्न भी। अपने समय की धारा के साथ होकर भी उनकी कविता अगर कुछ अलग है तो इसलिए कि उसमें अनुभव की व्यापकता, संवेदनात्मक सघनता और कथन की ऋजुता का योगदान अपेक्षाकृत अधिक है। देश से लेकर विदेश तक के अनुभव-संसार में देशीयता का आँचल पकड़े रहना भी उन्हें अन्यों से अलग करता है। उनकी कविताओं में अपनी धरती और अपना आकाश जिस तरह उपस्थित हैं उससे लगता ही नहीं कि कवयित्री ने कभी अमेरिका जैसे देश में प्रवास भी किया था। ऐसा इसलिए हो सका है कि उन्होंने अपने प्रवास-काल में भी अपनी मिट्टी, नदी, झरना, पर्वत-पठार को सदैव साथ रखा है। उस कालिदास को अपने साथ रखा है जो सौन्दर्य एवं प्रेम के मूर्तिमान छन्द हैं। उस बादल को साथ रखा है जो विरही का सन्देश वाहक बनने में अपनी धन्यता का अनुभव करता है। उस चिड़िया को साथ रखा है जो जागरण एवं मंगल की विधायिका है। दूब, अक्षत, चन्दन, वट-पीपल, गाय और गंगा की मौजूदगी से यह ध्वनित है कि कवयित्री ने देश अथवा परदेश में रहने के क्षणों में अपनी संस्कृति और भारतीयता को कभी विस्मृत नहीं होने दिया है। यही कारण है कि उनकी कविता का क्षितिज काफी विस्तृत है। उसमें आम आदमी भी अपनी पीड़ा, ताप, संघर्ष और जिजीविषा के साथ खड़ा मिलता है। कवयित्री का अपना संघर्ष और जिजीविषा तो उसमें है ही। आज के इस संवेदनहीन युग और समाज में घुटन, टूटन, विखण्डन और विसंगतियों के घटाटोप के बावजूद सुनीता जैन की कविताओं में मनुष्यता, भारतीय संस्कृति, परम्परा, परिवार और रागात्मकता को बचाये रखने की उत्कट अभिलाषा है। जीवन-मूल्यों में गहरी आस्था है। यान्त्रिकता एवं संवेदन शून्य आत्मीय सम्बन्धों की करुणागाथा के बीच अपनत्व, सौहार्द्र एवं सामरस्य के विकास का विश्वास है। मदिर प्रेम का उल्लास है। आस्था और अनुराग की जितनी छवियाँ सुनीता जैन की कविताओं में विद्यमान हैं उतनी अन्यत्र दुर्लभ हैं।

समकालीन काव्यान्दोलनों से दूर सुनीता जैन के कवि-व्यक्तित्व का विकास सहज एवं नैसर्गिक रूप में हुआ है। इसलिए उसमें कृत्रिमता नहीं है। सहजता और स्वाभाविकता के गुणों से मण्डित उनकी कविता अनुभूति की ईमानदार अभिव्यक्ति है। उसमें आधुनिक बोध है लेकिन आधुनिकता को ढोने की प्रवृत्ति नहीं है। आधुनिकता और परम्परा के स्वस्थ संश्लेषण में उसने अपने पथ का संधान किया है। सांस्कृतिक विस्थापन के युग में मूलोच्छेदन की पीड़ा की अभिव्यक्ति की है। भारतीयता के विस्थापित सन्दर्भों को समेट कर एक नया आयाम दिया है। सघन रागात्मक अनुभूति और प्रेम की गहरायी वाली कविताओं के अभाव की पूर्ति का संवेदनात्मक धरातल रचा है। सुनीता जैन की कविता जीवन के प्रति आस्था, करुणा, प्रेम और ममत्व की सूक्ष्म भावनाओं को सिर्फ उभारती नहीं है बल्कि उसके साथ तदाकार होने का आमन्त्रण भी देती है। वह राग, रस, सौन्दर्य, नैतिकता तथा जीवन-मूल्यों से साक्षात्कार के लिए भी आमन्त्रित करती है। इसी सन्दर्भ में वह उत्कट और उत्कृष्ट सम्भावनाओं वाली कविता है—"अंग्रेजी साहित्य में जिस प्रकार रोमेण्टिक कवियों में कॉलरिज को पढ़कर एक प्रकार की आत्म तृप्ति का अहसास होता है, डिलेन टॉमस और डब्ल्यू बी. येट्स को पढ़कर एक प्रकार की काव्यात्मक दृष्टि उपजती है, टी.एस. इलियट का वेस्ट लैण्ड, फोर क्वार्टेट्स और मरडर इन कथीड्रल पढ़कर जिस प्रकार·का सांस्कृतिक रोमांच होता है, वैसे ही अज्ञेय, शमशेर, वीरेन्द्र जैन और कुँवर नारायण की परम्परा में सुनीता जैन की कविताएँ पढ़कर यह लगता है कि काव्य की उत्कट और उत्कृष्ट सम्भावनायें भारतीय कविता और विशेष रूप से हिन्दी कविता से लुप्त नहीं हुई हैं।" (हरेराम पाठक द्वारा संपादित 'कविताओं के दर्पण में सुनीता जैन' पुस्तक में शामिल रमेश दवे के आलेख, से उद्धृत, पृष्ठ 69)। सुनीता जैन की कविता में भारतीयता इस तरह उपस्थित है कि उनका अमेरिका प्रवास बेमानी लगता है। हालाँकि बाद में वे दिल्ली स्थित आई आई टी के मानविकी एवं समाज विज्ञान विभाग में सन् 1974 से 2002 तक आचार्य और विभागाध्यक्ष रहीं। दिल्ली में ही उनका निधन भी हुआ।

सुनीता जैन इक्यावन कविता-संग्रह, पाँच कहानी संग्रह, पाँच उपन्यास एवं आत्मकथा शब्दकाया की लेखिका रही हैं। इनमें से रंग रति, माधवी, क्षमा तथा गन्धर्व पर्व पौराणिक चरित्रों के माध्यम से सौन्दर्य बोध संवेदना का पाठ पढ़ाने वाली लम्बी कवितायें हैं। हिन्दी में लिखे प्रणय काव्यों में 'रंग रति' का अपना विशिष्ट स्थान है। यह राधा कृष्ण के अव्यय प्रेम की विभिन्न भंगिमाओं का आधुनिक विन्यास है। इसमें प्रेम के अलग-अलग रंग हैं लेकिन सबका समावेश नीलराग में हो जाता है।

डॉ. विद्यानिवास मिश्र इस संग्रह की कविताओं को देहली लंघन की कविताएँ मानते हैं—"एक निपट शुचिवादी दृष्टि वाले को यह नागवार लगेगा कि ऐसे प्यार में देह का प्रसंग आता है। उनसे पूछना चाहिए क्या देह के बिना किसी भाव का उम्मीलन सम्भव है? क्या देह के बिना अपरिमित सुख की यातना झेली जा सकती है? क्या देह के आलम्बन के बिना कोई देखने, सुनने की लालसा टिक सकती है? हाँ यह जरूर देखना चाहिए, देह द्वार नहीं, मुख्य द्वार की देहली हो, उसका अतिक्रमण करके बाहर जाए, देहली पर बैठा न रह जाये। देह न हो तो भीतर ही घुटकर मर जाए, जीने की इच्छा देह को पाकर है। इस संग्रह में जो कविताएँ देह-कविताएँ कही जा सकती हैं, वे वस्तुत: देहली-लंघन की कविताएँ ही हैं।" (कविताओं के दर्पण में सुनीता जैन, सम्पादक-डॉ. हरेराम पाठक, पृष्ठ सं. 20)। 'कौन सा आकाश' संग्रह की कवितायें अपने तक सीमित संसार की कविताएँ हैं। स्त्री-पुरुष के प्रणय भाव या परस्पर सम्बधों तक सीमित ये कविताएँ एक प्रगल्भ किन्तु शोकाकुल प्रणय-कथा के रूप में विरचित हैं। कहना न होगा कि सुनीता जैन प्रेम की कवयित्री हैं। प्रेम उनकी कविता की पहचान है और इसीलिए उनके अधिकांश संग्रहों में प्रेम विभिन्न रूपों में उपस्थित है।

सौन्दर्य और प्रेम के कवि कालिदास को सुनीता जैन ने अपनी कविताओं में बड़ी शिद्दत से याद किया है बल्कि उनमें निहित रागात्मकता को अपनी रचनाओं में विस्तार देना चाहा है। इसीलिए प्रेम में स्त्री और स्त्री में प्रेम सम्बन्धी उनकी कविताओं की संख्या अधिक है। उनका मानना है कि "प्रेम में स्त्री ने/लिखनी चाही ऐसी कविता/जिसमें कवितायें हों/अन्य बहुत से कवियों की/प्रेम में।" कवयित्री को विश्वास है कि ये कवितायें प्रेम से भी अधिक टिकाऊ और भरोसेमंद होती हैं। इसका आधार यह है कि—"स्त्री का प्रेम में होना/एक घटना थी जो केवल कविता में घटी/इसलिए जाना नहीं किसी ने/जाना केवल कवि ने इसका/शब्द-दर-शब्द घटना।" (राग और आग, पृष्ठ सं. 108)। प्रेम में डूबे बगैर कवि भी उस घटना को नहीं जान सकता था। सुनीता जैन ने 'प्रेम में स्त्री' की तर्ज पर 'प्रेम में कवि' शीर्षक कविता शायद इसीलिए लिखी है। प्रेम में कवि एक सी भाषा बोलते आये हैं और एक दूसरे के घर अपना प्रेम रखते भी। उनका हृदय चिरता भी रहा है और तलछट में पड़ी मछली की तरह कुल बुलाता भी। इसी परिवेश में उपजती रही है प्रेम की वह अमर कविता जिसमें होती है प्रेम में डूबी स्त्री। आज स्थिति बदल गई है। 'राग और आग' संचयन की कविताओं में सुनीता जैन ने इस पर गम्भीरता से विचार किया है। उनका मानना है कि जबसे कवियों ने औरतों और दलितों की चीखों-चित्कारों तथा

मण्डी और मँहगाई पर कविता लिखनी शुरु की है तब से उनकी छतों पर चाँद नहीं उतरा करता। उनकी कविता से वह लड़की गायब है जो कविता में रहती थी, गाती थी, गले लगा करती थी और कभी-कभी कुछ ऐसी बातें कहती थी जिनको कहने से पहले और कहने के बाद हँसा करती थी। वही लड़की मुँह घुटनों में गाड़े बैठी है और वापस कविता में जाने के लिए तैयार नहीं क्योंकि आज का कवि उसे काँव-काँव करता प्रतीत हो रहा है—"नहीं चलूँगी वापस/काँव-काँव करने दो उसको/मैं प्रेयसी थी किसी कवि की/कौवे से मुझको प्यार नहीं।" जाहिर है आज की कविता में विमर्शों की भरमार है और इसीलिए उस तरह की प्रेम कवितायें नहीं लिखी जा रही हैं जिसकी प्रतीक्षा कवयित्री को है। इसके विपरीत सुनीता जैन का मन सर्वाधिक प्रेम-चित्रण में ही रमता है। वे लिखती हैं—"मैं जाने कितने गीत प्रेम के/गा सकती थी/साँसों में मलयज/माथे पर चाँद/उगा सकती थी।" इसीलिए सुनीता जैन की कविताओं में मीरा सी व्यग्रता एवं महादेवी सी समग्रता है।

प्रेम के विविध रूपों, स्थितियों, तनावों का चित्रण सुनीता जैन की कविताओं में हुआ है। प्रेम में अतृप्ति विषयक कवितायें बहुत लिखी गई हैं लेकिन सुनीता जैन की एक कविता 'तृप्ति' शीर्षक से है जिसमें यह दर्शाने की चेष्टा है कि अगर प्रेम हो तो स्त्री को किसी भी प्रकार का अभाव महसूस नहीं होता—"जब उसने रानी कहा/ हाथों में मजदूरी रखी/वह भूल गई अपनी छत टपक रही बरसात में/तन की धोती फटी हुई कि घी नहीं था भात में।" (राग और आग, पृष्ठ सं. 124)। इसी संग्रह में एक कविता है 'बेवजह' जिसके नाम की सार्थकता इस बात में है कि पत्नी का प्यार सोये हुए पति पर बेवजह उमड़ता है—"कुर्सी पर बैठे-बैठे स्त्री/देखती है अपने पति को/बेखबरी से सोते/उस समय स्त्री में/उमड़कर आता है/बहुत सारा प्यार।" (वही, पृष्ठ सं. 123)। इसी भावधारा की एक कविता और है—'मुहिम'। इसमें भी स्त्री पास की कुर्सी में बैठी कई दिन बाद आज उसे सोया देखती है तो उसका इस तरह से देखना कवयित्री की दृष्टि में शोर के खिलाफ सबसे बड़ी मुहिम है -

"पास की कुर्सी में बैठी
स्त्री देखती है उसे
गाल पर रख हाथ
स्त्री का यों देखते रहना
सबसे बड़ी मुहिम है
शोर के खिलाफ।"

(राग और आग, पृष्ठ सं. 119)

सुनीता जैन के अनुभव-संसार में एक ओर वृद्धों की समस्याओं, दु:खों, उदासियों और निराशाओं के चित्र हैं तो दूसरी ओर माता-पिता को आदर और श्रद्धा के साथ याद करने के भी चित्र हैं। 'जाने लड़की पगली' संग्रह की कविताओं में उनकी माँ से सम्बन्धित भावार्द्र कवितायें हैं। वे समस्त सृष्टि में माँ का स्पन्दन देखती हैं जो 'आधा संसार', 'कह नहीं सकती', 'मैंने देखा', 'सोचती हूँ', 'तसवीर', 'जिन वृक्षों में', 'यह पीड़ा का रिश्ता है', 'सदा नीरा', 'उसे भुला दे' शीर्षक कविताओं के माध्यम से अभिव्यक्त है। सामान्यत: हर भाषा के कवियों की माँ पर दो चार कवितायें मिलेंगी लेकिन माँ की मृत्यु के बाद दो वर्ष तक लगातार एक ही मानसिकता में रहकर माँ की विभिन्न अवस्थाओं, रूपों तथा भावनाओं को केन्द्र में रखकर 76 कविताएँ लिखना सुनीता जैन की तप:पूत साधना का ही परिणाम है। एक कवि द्वारा माँ पर इतनी बड़ी संख्या में कविता शायद ही किसी भाषा में लिखी गई हो और वह भी कृत्रिमता तथा एकरसता के बिना स्वत: स्फूर्त सर्जना-शक्ति से। इस संग्रह की निम्नलिखित पंक्तियाँ माँ के प्रति आसक्ति और सहानुभूति के साथ प्रगाढ़ सम्बन्धों की व्यंजना करती हैं-

''एक थी वह
एक मैं
हम दोनों का रिश्ता
फलियों में दाने-सा
गई-गई सर्दी के
गरमाते दिन सा''

माँ-बाप पर केन्द्रित कई कविताएँ 'राग और आग' संग्रह में हैं। सुनीता जैन की दृष्टि में माँ का कभी मरण नहीं होता और जो ऐसा कहते हैं वे मिथ्या प्रलाप करते -

''वे झूठ कहा करते
जब कहते माँ मरती
माँ मरती
यदि धरती मरती
धरती मरती
यदि वन मरता
वन मरता
यदि जलधारा मरती
जलधारा मरती
यदि सूरज मरता
सूरज को देखा है तुमने क्या कभी मरते?'' (पृष्ठ सं. 156)

माँ की समानता धरती से ही हो सकती है। जब तक धरती है तब तक माँ का एहसास है और इस एहसास को सुनीता जैन ने 'राग और आग' संग्रह की कई कविताओं में उभारा है। उनकी एक मर्मस्पर्शी कविता है 'माँ की राख' जिसमें हवा और गंगा से निवेदन के बाद मन को संबोधित कर कहा गया है कि "धीरे बिसराना/मन/यह माँ की बात है।" (पृष्ठ सं. 162)।

सुनीता जैन ने यह महसूस किया है कि वर्तमान काल माता-पिता की उपेक्षा, अवहेलना और अपमान का समय है। माँ-बाप अपनी आकांक्षाओं, कामनाओं का गला घोट तथा सुख-सुविधाओं का त्यागकर किस प्रकार अपने बेटों, बहुओं तथा पोतों-पोतियों के लिए जमीन-जायदाद बचाकर रखते हैं—"बूढ़े अपने बचे हुए थोड़े दम से/बचा लेते हैं एक मकान/कोई जमीन, या दुकान/पोते पोतियों के नाम" लेकिन आज वे ही अपमान, अनादर और उपेक्षा के शिकार हो आँखों पर पट्टी बाँधे तथा कानों में उँगली डाले सिर्फ यही चाहते हैं कि किसी तरह बचा रहे रिश्ता और नाता—"बूढ़े माँगते नहीं चाय या बिस्कीट/लेटे रहते हैं करवट के बल/दुखते सिर के बाद भी/बूढ़े बचाना चाहते हैं एक ऐसा नाता/जो सचमुच में अब है ही नहीं।" (राग और आग, पृष्ठ सं. 182)। अंगों की शिथिलता और असमर्थता के बावजूद वे नहीं चाहते हैं अपनी सेवा-शुश्रुषा, धन-संपदा अथवा संवदेना और सहानुभूति बल्कि सिर्फ चाहते हैं अपने आस-पास अपनी संतानों के होने का एहसास किन्तु जब वह भी नहीं होता तब उन्हें हैरानी होती है—

"बूढ़े नहीं चाहते किसी का पैसा
न ही सेवा
बूढ़े जो चाहते हैं
वह कोई नहीं कहता
'बाबू जी हम हैं न!'
कोई नहीं कहता, माँ
'उदास मत होना, हम हैं न!
बूढ़े हैरान हैं इस
'हम हैं न' के कहीं भी
नहीं होने से।" (राग और आग, पृष्ठ सं. 181)

फ्रायड ने कहा है कि नारी-मन में निहित प्रेम तत्व को विश्लेषित किये बिना उसके व्यक्तित्व का मौलिक प्रतिरूपण नहीं किया जा सकता। प्रेम की प्यास स्त्री की प्रथम अनिवार्यता है। काम, वासना नहीं है। वह सृष्टि का कारक है। जयशंकर

प्रसाद ने कामायनी में श्रद्धा के मुख से यही कहलवाया है—'काम मंगल से मंडित श्रेय'। सुनीता जैन की एक कविता है—'प्रेम किया स्त्री ने'। प्रेम केवल प्रेम के लिए। प्रेम से प्रेम, यह कैसा प्रेम है? अकेलेपन का यह प्रेम क्या ईश्वर के रहस्यमय वरदान की उपेक्षाभित्ति पर नहीं खड़ा है—"अपनी ही प्यास से कातर/इस शहर में/प्रेम किया स्त्री ने/प्रेम से/लम्बी रातों के/अछोर अंधकार/बिस्तर के अकेलेपन/और अपनी साँसों के/झींगुरी राग में/प्रेम किया स्त्री ने/प्रेम से।" (हेरवा, पृष्ठ सं. 53)।

सुनीता जैन की कई कवितायें स्त्री पर हैं और उन सबमें स्त्री की अपनी एक अलग भूमिका है—"एक अलग अन्दाज है। कहीं लीपती, रोपती, उड़ती और गाती हुई स्त्री है तो कहीं प्रेम से जुड़ी काँच पे खड़ी स्त्री है। कहीं छाती चुसक रहे बच्चों का बोझ उठाती स्त्री है तो कहीं निकम्मे शराबी पति से पिटती हुई स्त्री है। कहीं सृष्टि की सबसे सुन्दर रचना सुन्दर आँखों में सुन्दर सपना सजाने वाली स्त्री है तो कहीं अगले जन्म में फिर से अबला होने के शाप से मुक्ति की कामना वाली स्त्री है। इस तरह स्त्री-संसार के अनेक रंग और चित्र सुनीता जैन की कविताओं में उभरे हैं किन्तु नारी आन्दोलन जैसा वहाँ कुछ नहीं है क्योंकि उन्हें इस तरह के आन्दोलनों की वास्तविकता का ज्ञान है। राग और आग' संग्रह की 'नारी मुक्ति-1' शीर्षक कविता में वे लिखती हैं—"औरतें घर से बाहर निकलीं/उन्हें औरतों के लिए लड़ाई लड़नी थी/औरतों ने रट्टा मारा/वे सीख गईं नारे कई/.....शाम को औरतें लौट रही थीं/लेकिन घर नहीं/चम्पा के लिए नेताजी की गाड़ी खड़ी थी/(चम्पा कविता लिखती थी) अनारो को डीआईजी का न्योता था/(अनारो मास्टरनी थी)/धन्नो को घेरे थे मीडिया वाले/(धन्नो युवा मोर्चा की मेम्बर थी)/ बाकी सब/ झगड़ रही थीं आपस में/ मुझे-मुझे/मिला यह हार/यह मैडल, यह पुरस्कार।" (पृष्ठ सं. 46)। उन्हीं में पुरस्कार/सम्मान देने का एक तरीका आजकल बहुत सफल हो रहा है। महत्त्वाकांक्षी लड़कियाँ इस चक्रव्यूह में फँसने के लिए आतुर भी हैं। सुनीता जैन इस पुरस्कार व्यवस्था के भीतर की छिपी भावना का रहस्य समझती हैं और इसीलिए वे यह प्रश्न खड़ा करती हैं कि आदान-प्रदान के समीकरण वाले इस युग में कोई लड़की कब तक लेती रह सकती है? आखिरकार वह भी तो कुछ देगी ही—"बहुत चर्चा में है आजकल/युवा, मूर्ख और निर्धन लड़की/वह लाई जा सकती है दिल्ली/पुरस्कार के काँटे पर मछली सी लटकी/काढ़ेंगे उसके कसीदे सारे के सारे दलालची/मूर्ख, युवा और निर्धन लड़की/कब तक लेती रह सकती है/इतना कुछ लेकर वह कुछ तो/देगी ही न आखिरकार।" (वही, पृष्ठ सं. 31)। सुनीता जैन स्त्री के वस्तु होने से नाराज हैं। उनकी चिन्ता और प्रयत्नशीलता यह है कि "वह क्या करे कि स्त्री में/

बची रहे स्त्री।" (वही, पृष्ठ 32)। क्योंकि लम्पट, बंचक और आसुरी प्रवृत्तियाँ स्त्री को स्त्री नहीं रहने देना चाहती। वह घर, दफ्तर, गली, चौराहा कहीं भी सुरक्षित नहीं है। उसकी अस्मिता पर अनेक तरह के संकट हैं। यही बात सुनीता जैन को व्यथित और बेचैन करती है।

स्त्री-विमर्श की अतियों से बिल्कुल अलग सुनीता जैन चाहती हैं कि स्त्री आत्म निर्भर हो। वह अपनी शक्ति और सृजनात्मकता का उपयोग आत्मकल्याण तथा समाज निर्माण के लिए करे किन्तु दुखद बात यह है कि इस गिद्ध लोक में वह अपनी अस्मिता की रक्षा कैसे करे? क्योंकि—"स्त्री घर से बाहर निकली/कोई लाया लटके चुन चुन के/कोई उपहार/किसी ने दिये लालच तरक्की के/किसी ने मोटी धमकी।" ऐसे भयावह समय और समाज में एक स्त्री कब तक अपनी अस्मिता बचा पायेगी? सुनीता जैन पूछती हैं—"पाठक बोलो वह क्या करती? /संस्कारों की मारी/धरी रह गई खुद्दारी/दलदल में ओछी इस देह की।" (वही, पृष्ठ सं. 30)। पुरुष की कामना, हिंसा, ईर्ष्या, और दंभ के आगे स्त्री का स्वाभिमान अडिग नहीं रह सका। उसे समझौते के लिए बाध्य होना पड़ा—

"वह जो कुछ भी था, वह तो
बस उतना ही था।
स्त्री आरोपित करती रही उस पर
कभी देवता कभी पुरुष
पुरुषोचित उदात्तता और उदारता से भरा
अब पुरुष बेचारा क्या करता
वह कायर था कभी, कभी कामी, कभी हिंसा से भरा
ईर्ष्या भी थी उसमें और दंभ कोरा
स्त्री करती गई न करना चाहते भी
अपनी हार से समझौता, दस तरह का।"

(कुरबक, पृष्ठ सं 83)

नारी-मुक्ति में सबसे बड़ी बाधा उसकी आर्थिक परतन्त्रता और परावलम्बन है। घर-परिवार को सँभालने की जिम्मेदारी अलग से है। अपनी दिनचर्या में लगी स्त्री हर तरह से शोषण की शिकार होती है। सुनीता जैन की संवेदना और सहानुभूति उस हर स्त्री के प्रति है जो कठिन परिश्रम द्वारा दो पैसे कमाने और बचाने के प्रयास में लगी रहती है—

"दो पैसे बचाने या कमाने की खातिर
औरतें उठा रहीं गर
पहले बीनती कंडे दिन भर
फिर ढोती हैं सिर पर
उठाती बोझ आदमी का रात को
और छाती चुसक रहे बच्चों का
आठों पहर
दो पैसे बचाने या कमाने की खातिर
औरतें छिलतीं-छीली जातीं, दिन भर।"

(कुरबक, पृष्ठ सं 82)

दिल्ली की भागमभाग, आपाधापी, उठा-पटक, चकाचौंध और जगर-मगर पर पहले भी कविताएँ लिखी गई हैं और आज भी लिखी जा रही हैं। सुनीता जैन अपनी 'दिल्ली' शीर्षक कविता में पति-पत्नी के बीच झगड़े का कारण दिल्ली को मानती हैं क्योंकि वहाँ के जीवन में शुकून नहीं है। बिजली के जाने, पानी के नहीं आने, बस के छूट जाने, जेब के कतर जाने, बॉस के दमदमाने या मकान मालिक के तू-तू मैं-मैं करने को लेकर रोज शाम को दोनों झगड़ जाते हैं। सुनीता जैन स्पष्ट करती हैं कि वे झगड़ना नहीं चाहते किन्तु क्या करें—"उनके पास बचा नहीं/शहद कोई, न ही चीनी/वे कोसते हैं दिल्ली/वे कोसते अपनी-अपनी नौकरी।" (राग और आग, पृष्ठ सं. 73)। दिल्ली के फुटपाथों पर सो रहे लोगों को देखकर कवयित्री को लगता है कि दिल्ली ही फुटपाथ पर सो रही है। अचानक जब बादल बरसने लगते हैं तब फुटपाथ की जिन्दगी की मुसीबत और करुणा का चित्र 'बारिश में दिल्ली' शीर्षक कविता में बहुत मार्मिकता के साथ उभरा है—"उठी वह वस्त्र सँभाल के/भीगी दिल्ली/उतना ही लिपटी वह/अपनी कथरी के तार से।" (वही, पृष्ठ सं. 76)। सुनीता जैन को दिल्ली डराती है। इसके कई कारण हो सकते हैं लेकिन एक कारण अपनों का धीरे-धीरे जाना भी है। साथ ही नाते-रिश्तों का दरकना और टूटना भी कारण हो सकता है। ऐसे में उनकी कविता में वृक्ष और चिड़िया तथा प्रकृति के उपादान बार-बार आते हैं। कहीं पूरी कविता और कहीं प्रसंग के अनुसार। इस पर पाठक जब प्रश्न उठाता है तब सुनीता जैन इसका उत्तर अपनी कविता 'चिड़िया आती जाती' में देती हैं -

"केवल वृक्ष
केवल चिड़िया
यह सूरज, ये ऋतु

यह चाँद की धीमी चहल कदमी
और मेरे भीतर शब्दों की सरसाई सृष्टि
बची रहीं, जाने कैसे, इस डरावनी दिल्ली में भी।''

(ओक भर जल, पृष्ठ सं 30)

सुनीता जैन को कोयल सुबह-सुबह उठाती है तो टिटिहरी अपना बिछुड़ा प्यार ढूँढने उनके छत पर आ जाती है। '21 फरवरी' शीर्षक कविता में टिटिहरी का जैसा स्वरूप उभरकर सामने आया है उससे उसकी विरह जन्य भावना के प्रति कवयित्री की संवेदनशीलता प्रकट हुई है। साथ ही यह आशंका भी कि उसका घर की छत पर आना शुभ है अथवा अशुभ क्योंकि जनश्रुति उसकी बोली को किसी के निधन से जोड़कर देखती है। सुनीता जैन उसके आगमन के शुभ-अशुभ पक्ष पर विचार की चिन्ता पंडितों और ज्योतिषियों पर छोड़कर यह आशा प्रकट करती हैं कि चाहे जो कुछ भी हो लेकिन एक कविता का सृजन तो अवश्य होगा—"और आज, यह टिटिहरी/ढूँढती चली आयी अपना बिछुड़ा/प्यार, देखो तो/छत पर मेरे ही घर की/अब इसका आना शुभ होता या अशुभ/पाठक, यह तो पंडित जानें/मुझको तो आशा है, कविता के आने की।" (वही, पृष्ठ 49)। इससे यह स्पष्ट है कि कविता का जन्म अनायास होता है। सुनीता जैन के काव्य-उपादान अन्वेषण कर लाये हुए नहीं होते। उपमायें तिलिस्म के तहखानों से नहीं आतीं। व्यंजनायें गगनचुम्बी नहीं होतीं। छैनी, हथौड़े की मार से शब्द धारदार नहीं बनते। सयानापन, होशियारी अथवा किसी कौशल या संकल्प से भी शब्द में धार नहीं आती—"उनकी धार बनती है भीतर की किसी आवाज से/पिछले जन्मों की किसी बात से/वे शब्द आते हैं आप ही आप आत्मा के द्वार से/उनका प्रकाश छेड़ता है ऋतु-राग, देह के वितान से।" इस तरह कविता उस फूल की तरह है जो वल्लरी में अनायास खिलता है।

जीवन-जगत की अनेक विसंगतियों, विडम्बनाओं, ऊब, संत्रास, टूटन, निराशा, पीड़ा, तनाव की अभिव्यक्ति के बावजूद सुनीता जैन की कविता में प्रेम की सुरमई आभा का होना जीवन के प्रति उनकी आस्था को प्रकट करता है। संघर्ष और जिजीविषा की तनी हुई रस्सी पर प्रेम का राग अलापना ही उन्हें नहीं आता बल्कि उसे उत्सवता में परिणत करना भी आता है। वे समस्त सनातन सत्य जो युग-परिवेश में व्यंजित होने में असमर्थ हैं उन्हें सजा सँवारकर बनाना भी आता है—"उत्सव/जिजीविषा का/आस्था का।" इसी अर्थ में सुनीता जैन भारतीयता की प्रतिनिधि कवयित्री हैं।

लीलाधर जगूड़ी : विस्तृत अनुभव-सत्य और विचार-वैविध्य

मानवीय संवेगों, सुख-दुःख, हर्ष-विषाद, ईर्ष्या-द्वेष, भय, कायरता, साहस, शौर्य आदि का इतना विस्तृत और व्यापक वर्णन लीलाधर जगूड़ी इसलिए कर सके हैं क्योंकि उनके पास अनुभव की व्यापकता और विचारों की विविधता है। उनका काव्य-संसार राग और आग तथा अमर्ष और संघर्ष का संसार है। उसमें चिन्तन और चिन्ता है तो संवेदना की अतल गहराई भी है। बौद्धिकता का प्रखर आभामंडल है तो हृदय की कोमल भावुकता भी है। उनकी कविता में पहाड़, पेड़, जड़, सरित-सरोवर आदि अपनी प्रतीकात्मकता में मनुष्य की जिजीविषा, साहस और संघर्ष को रूपायित करते हैं तो इसलिए कि बची रहे पृथ्वी और बची रहे मनुष्यता। पृथ्वी का बँचना मनुष्यता का बँचना है और मनुष्यता का बँचना पृथ्वी का बँचना है। पृथ्वी सब कुछ धारण करती है। वह धात्री है। इसीलिए जगूड़ी जी चाहते हैं कि वह उन्हें (कवि को) धारण करे जैसे दसों बाँहें फैलाकर वह आकाश को धारण करती है—"मुझे धारण करना/जिस तरह तुम अपनी बाँहें/दस ओर फैलाकर/आकाश को धारण करती हो।" (बची हुई पृथ्वी, पृष्ठ 53)। धारण तो वही होगा जो उगेगा। इसीलिए वे पृथ्वी से आग्रह करते हैं—"ओ मेरी पृथ्वी/ओ मेरी घूमती हुई पृथ्वी/मैं जूझना चाहता हूँ/मुझे उगाओ।" (वही)। उगना भी किसलिए तो जूझने के लिए। जूझना एक बहुआयामी शब्द है। वह साहस और निर्भयता की भूमि पर हर कठिनाइयों/विपरीतताओं से लोहा लेने का भाव है। जगूड़ी जी जूझना चाहते हैं—वर्तमान से, भविष्य के दुःस्वप्नों से, अतीत की अनर्गलताओं से। सामाजिक राजनैतिक और धार्मिक विसंगतियों तथा विडम्बनाओं से। व्यवस्थापकों की संवेदनहीनता, रूढ़िवादिता, अन्याय और अत्याचार से। इसीलिए वे पृथ्वी पर उगना चाहते हैं ताकि सभी प्रकार की विद्रूपताओं/कुरूपताओं से जूझ कर मनुष्यता का मार्ग प्रशस्त कर सकें। इसी अर्थ में वे पृथ्वी और मनुष्यता के जयनिनाद को स्वरित करने वाले कवि हैं।

वैसे तो हर रचनाकार अपने सुख-दुःख के साथ अपनी रचना में विद्यमान रहता है लेकिन लीलाधर जगूड़ी का आत्म उनकी कविताओं में अपेक्षाकृत कहीं अधिक मौजूद है और इसीलिए वे यथार्थ की अभिव्यंजना में कहीं अधिक प्रामाणिक और विश्वसनीय लगते हैं। जब वे विसंगतियों के विरुद्ध आवाज उठाते हैं, जनता को लड़ने के लिए उकसाते हैं, लोगों से उठने, विरोध करने और चोट करने की बात करते हैं तब उनका यह समस्त कार्य-व्यापार व्यर्थ का प्रलाप नहीं लगता बल्कि वह वास्तविकता की जमीन पर चैतन्यपूर्ण एक जागरण भाव लगता है। उनका मानना है कि—"कविता जब जनता की बात करती है तब वह तमाम नकली आकारों वाली कविता को तोड़ने की शुरुआत करती है। कविता की जनयात्रा और उसका जनचरित्र हमेशा अपने समकालीन दबावों से निर्मित और परिवर्तित होते रहते हैं।" ('समग्र चेतना' का समकालीन कविता विशेषांक- सं. डॉ. राधेश्याम बन्धु, पृष्ठ 51)। समकालीनता की व्यंजना में लीलाधर जगूड़ी अपने समय के रचनाकारों से कहीं अधिक विशिष्ट लगते हैं तो इसलिए कि वे कविता को जनता के आँसू पोंछने का दरख्वास्त मानते हैं—

''मेरी कविता
हर उस आँख की दरख्वास्त है
जिसमें आँसू हैं।''?

(घबराये हुए शब्द, पृष्ठ-36)

लीलाधर जगूड़ी जनता के पक्ष में खड़ा होने वाले ही नहीं बल्कि उसके लिए लड़ने वाले कवि हैं। वे कागजी लड़ाई में भी विश्वास नहीं रखते। वे यह मानते हैं कि कवि और कविता दोनों की परीक्षा जनता की जमीन पर होती है। वे मृतप्राय सामंती व्यवस्था के पोषक तथा नायिकाओं के रूपत्रिचण में मस्त-व्यस्त कवियों को भी अन्तःपुर से निकाल कर जनता की लड़ाई लड़ने के लिए ललकारते हैं। वे उन्हें चेताते हैं कि जो अन्तःपुर से नहीं निकलेगा वह अन्ततः अन्तपुर में समा जायेगा। एक से लगने वाले अन्तःपुर और अन्तपुर शब्दों के चयन में भी जगूड़ी जी की काव्य-प्रतिभा का चमत्कार द्रष्टव्य है—

''मैं उन्हें बाहर लाना चाहता हूँ
अन्तःपुर से
अन्तपुर में
मरे हुए जो अनेक कवि
मैं उन्हें बाहर लाना चाहता हूँ

ताकि
जनता की जमीन पर
उन्हें रफा-दफा किया जा सके
और जिनमें थोड़ा भी प्राण हो
उन्हें खड़ा किया जा सके।''

इधर व्यवस्था-विरोध तथा शोषण के विरुद्ध आवाज उठाने वाली कविताओं की संख्या में लगातार वृद्धि हो रही है लेकिन जगूड़ी जी जिस ऊर्जा और ऊष्मा के साथ शोषितों और दलितों तथा दबाये-सताये लोगों को जगाने और उठाने का कार्य करते हैं उसकी त्वरा अतुलनीय है। उनका मानना है कि जिस व्यवस्था ने जनता को कुचला है उसे कुचल देने में ही जनता का कल्याण है। वे जनता का आह्वान करते हैं -

''उदास लोगों
उठो और फैसला दो
उठो और जिसने कल तुम्हें
कुचला था
उसे घोड़े की नाल बना दो।''

(रात अब भी मौजूद है, पृष्ठ 24)

परिवर्तन की आकांक्षा प्रकट करना और बदलाव के संघर्ष में शामिल होना- भिन्न-भिन्न क्रिया भले हों लेकिन जगूड़ी जी इन दोनों ही क्रियाओं को एक साथ साधने के कारण ही अन्यों से भिन्न दृष्टिगत होते हैं। वे क्रान्ति लाने का संकल्प ही नहीं प्रकट करते बल्कि क्रांन्तिकारी भूमिका में भी नजर आते हैं। उन्हें यह लगता भी है कि वे सब कुछ बदल देंगे—"मैं सब कुछ बदलकर रख दूँगा/उसने हवा को अपनी धमकी से हिलाया।" (बची हुई पृथ्वी, पृष्ठ 86)। जगूड़ी की कविता कथनी और करनी की एकरुपता की कविता है। वह अगर परिवर्तन चाहती है तो उसके लिए साहस जुटाने और लड़ने के लिए तत्पर भी रहती है। वह हर उस आदमी का बयान बनती है जो बन्दूकों के गोदाम से अनाज ले लेने की इच्छा रखते हैं—"मेरी कविता/हर उस इन्सान का बयान है/जो बन्दूकों के गोदाम से/अनाज की ख्वाहिश रखता है।" (घबराये हुए शब्द, पृष्ठ 36)। साहस, शौर्य और निर्भयता की कमी कवि को खलती है। उसे यह लगता है कि अन्याय और अत्याचार के विरुद्ध जनता जागरुक नहीं हो सकी है। इसलिए लक्ष्य दूर होता जा रहा है। कुछ नहीं हो पाने का उसे बेहद दुख और अफसोस है—

''कुछ पता नहीं चल रहा है लड़कर
सूर्य अपनी किस दशा में ढल रहा है
जमाने के साथ-साथ उखाड़ने के
आखिरी औजार पर चढ़कर
सख्त अफसोस है कुछ नहीं हो पा रहा है।''

(नाटक जारी है, पृष्ठ 49)

तत्कालीन परिस्थितियाँ कवि-कर्म के लिए उकसाती हैं, प्रेरणाभूमि बनती हैं। जनता की आँख में आँसू देखने वाले जगूड़ी जी अपने समय से जूझते और टकराते हैं। वे एक ऐसा समाज चाहते हैं जो भूख, भय और अत्याचार रहित हो लेकिन विडम्बना यह है कि सामान्यजन प्रभुवर्ग की उपेक्षा तथा घृणा का शिकार है। सत्य और ईमानदारी अतीत के गह्वर में समाने के लिए विवश हैं। न्याय, नीति और नैतिकता में व्यापार सेंध लगा चुका है। विश्वास की दीवारें दरकने लगी हैं। परिवारी जन और पास-पड़ोस के लोगों के प्रति भरोसा नहीं कायम हो पा रहा है—

''बार-बार उभरता है
एक डर
परिवार को छोड़ेंगे
घर के भरोसे?
लेकिन किसके भरोसे पर छोड़ेंगे घर।''

(रात अब भी मौजूद है, पृष्ठ 107)

यह भय अकारण नहीं है। चारों ओर व्याप्त अराजक स्थिति भय ही उपजायेगी। लोभ, लालच, स्वार्थ और ईर्ष्या-द्वेष ने आज के वातावरण को अमानवीय एवं बर्बरतापूर्ण बना दिया है। हिंसा, अपराध और आतंक ने समाज तथा संस्थानों में अपनी गहरी जड़ें जमा ली हैं। कवि जगूड़ी को अगर सर्वत्र हत्यारे नजर आ रहे हैं तो वह समकालीन यथार्थ है, कोई कल्पना नहीं—

''मैं कहता हूँ-अस्पताल के भीतर हत्यारा है
चौराहे पर हत्यारा है
रेलगाड़ी के भीतर हत्यारा है
न्यायालय के भीतर हत्यारा है।''

(रात अब भी मौजूद है, पृष्ठ 100)

ऐसी परिस्थिति में घास में भी बर्छे उगने का सन्देह होना स्वाभाविक है—'मुझे भय है घास में/बर्छे उगे हुए हैं।' (वही, पृष्ठ 12)। यही कारण है कि लीलाधर जगूड़ी

की कविताओं में हत्या, मार-काट, खून-खराबे के चित्र काफी मिलते हैं। उनकी 'मंदिर लेन' कविता में गंगू के साथ घटित घटना का ब्यौरा इस रूप में है—"एक अदृश्य हाथ आता और गंगू को पीटने लगता/अदृश्य टाँग आती और कोने में छिपे गंगू को लँगड़ी मार देती/एक अदृश्य पैर आता और बीच सड़क पर गंगू को लातें मारने लगता।" (भय भी शक्ति देता है, पृष्ठ 30)। यह चरमराती हुई व्यवस्था, अराजकता एवं पुलिस तन्त्र की लापरवाही का प्रमाण है कि एक ही व्यक्ति दो बार मरता है और सन्देह के आधार पर उसके दोस्तों को गिरफ्तार किया जाता है—

''पिछले साल वाले मिठाईलाल की लाश कुर्त्ता-लुंगी
और गमछे वाली थी
इस साल वाला मिठाईलाल पैंट-बुशर्ट में मिला
दोनों लाशों के पुलिस ने फोटो करवाये हैं
घर में मिठाईलाल का अपने दोस्तों के साथ एक फोटो है
दोस्तों को हत्या के सन्देह में गिरफ्तार कर लिया गया है
एक साथ नहीं होने चाहिए दोस्तों के फोटो।''

(भय भी शक्ति देता है, पृष्ठ 31)

एक ओर यह स्थिति है कि कवि को सुझाव देना पड़ता है कि एक साथ दोस्तों के फोटो नहीं होने चाहिए वहीं दूसरी ओर वह उस सच्चाई का भी खुलासा करता है जिसके अनुसार इस देश में कुछ भी खरीदा जा सकता है -

''सिक्के के बदले साहस
सिक्के के बदले चुप
सिक्के के बदले व्याख्या
सिक्के के बदले न्याय
सिक्के के बदले विचार।'' (वही, पृष्ठ 98)

'रात अब भी मौजूद है', 'घबराये हुए शब्द', 'नाटक जारी है' आदि जगूड़ी जी के काव्य-संग्रहों के नाम ही अपनी प्रतीकात्मकता में जो व्यंजित करते हैं उनसे समाज, धर्म, राजनीति, आचरण-व्यवहार में प्रविष्ट पतनशीलता का आकलन किया जा सकता है। स्वतन्त्रता के पश्चात देश के रंगमंच पर जारी नाटक सभी ने देखा है। आपातकालीन रात्रि की भयावहता भी सभी ने महसूस की है। ऐसे में शब्दों का घबराना अस्वाभाविक नहीं है। घबराहट कई बार गूँगेपन की स्थिति ला देती है—"जहाँ कानून को भी यकीन न हो/और अपराधी को भी/वहाँ घबराना स्वाभाविक है। तब तो और भी ज्यादा/जब कोई हद हो/जैसे कि मौत।" (घबराये हुए शब्द, पृष्ठ-9)।

'घबराये हुए शब्द' के पश्चात जगूड़ी जी का 'भय भी शक्ति देता है' का प्रकाशन आशावाद की नयी किरण की तरह लगता है। 'बुरे वक्त की कविता', 'मंदिर लेन', 'उन दिनों की कथा', 'दूसरे शरीर की खोज', 'अन्तरराष्ट्रीय बाजार', 'हाथी और पहाड़' शीर्षकों में विभक्त यह काव्य-संग्रह भय तथा शक्ति के जटिल रिश्तों की तलाश करता हुआ दिखाई देता है। इसमें जीवन-दर्शन का बदलाव साफ देखा जा सकता है। महाकवि तुलसीदास अगर 'भय बिनु होंहि न प्रीति' को सूक्ति रूप में प्रस्तुत कर भय और प्रीति के अन्तर्सम्बन्ध को जिस रूप में रखते हैं उसी तर्ज पर लीलाधर जगूड़ी भय और शक्ति को एक नये दृष्टिकोण के साथ पाठकों के समक्ष रखते हैं। मुक्ति-बोधीय फैंटेसी के सहारे जगूड़ी ने 'दूसरे शरीर की खोज' में बैल की निंदियाती आँखों में उभरे सपने को जिस तरह प्रस्तुत किया है उससे कविता सार्थक और महत्त्वपूर्ण हो गई है। बैल अपने सपने में फैंटेसी के माध्यम से पेड़ के नीचे का मानो दूसरा बैल बन जाता है। जब पेड़ काटा जाने लगता है तब बैल की आँखें खुल जातीं हैं। पेड़ गिरता है और बूढ़ा बैल युवा की तरह दौड़ पड़ता है—"चरचराते हुए उसके प्राण हजारों पखेरूओं की तरह उड़ पड़े/बूढ़ा बैल उठा और मारे डर के पोंकता हुआ ऐसा दौड़ा/जैसे कि जवान हो/भय भी शक्ति देता है।" (पृष्ठ सं. 66)। वस्तुतः अपनी सुरक्षा हेतु आदमी या तो भागता है अथवा आपद संकट से निपटने हेतु अपने भीतर ताकत पैदा करता है। बूढ़ा बैल भी डर के मारे पोंकता हुआ ऐसा दौड़ता है जैसे जवान। भय की अतिशयता में उत्पन्न शक्ति के सन्दर्भ में जगूड़ी का यह कथन कि 'भय भी शक्ति देता है' मनोवैज्ञानिक धरातल पर भी खरा प्रतीत होता है। जब दृष्टि बदलती है-जीवन-दर्शन भी बदलता है। चिन्तन और सोच भी बदलता है। थके हुए होने पर भी तब जिन्दगी बढ़िया लगने लगती हैं -

''इस डर के मारे कि यह इससे भी बुरी हो सकती थी
क्या यह न सोचा जाय कि जिन्दगी कभी-कभी
जरूरत से ज्यादा बढ़िया भी होती है
जैसे कि मैं आज थका हुआ होने पर भी खुश हूँ।''

(भय भी शक्ति देता है, पृष्ठ 60)

लीलाधर जगूड़ी एक रिपोर्टर की तरह यथार्थ का ब्यौरा नहीं प्रस्तुत करते बल्कि नित्य अनुभव में आने वाले यथार्थ के भीतर की नूतन अर्थ सम्भावनाओं की तलाश करते हैं। उनकी कविता यथार्थ को आंशिकता में नहीं बल्कि उसकी जटिलता और संश्लिष्टता के समग्र वृत्त में खोजती आयी है। इसीलिए उनकी कविता में जीवन के मूल्यांकन के नये मापदण्डों तथा नयी परिस्थितियों में संघर्ष की दिशाओं का खुलासा

होता चलता है। अपनी कविता के बारे में जगूड़ी जी का कहना है—"मेरी कविता न बयान देती है न फैसला/वह दृश्यों के भीतर ही फँसी रह जाती है/न आग चुरा सकती है न चोर का साहस/मेरी कविता वारदात की तरह नहीं होती/मेरी कविता में बहुत कुछ गड़बड़ है।" (अनुभव के आकाश में चाँद, पृष्ठ 139)। अगर उनकी कविता गड़बड़ है तो अच्छी कविता कौन सी है? उसकी क्या विशेषता है? उसे क्या-कया पसंद है? जगूड़ी जी स्वयं कविता से ही सवाल करते हैं—"अच्छी कविता क्या-क्या चीजें तुम्हें वाकई पसन्द हैं/मात्र कुछ घटनाएँ या सिर्फ कुछ वाक्य या केवल शब्द ही/मैं तुम्हारे बारे में बहुत नहीं सोच सकता।" (भय भी शक्ति देता है, पृष्ठ 11)। अच्छी कविता तक नहीं पहुँच सकने अथवा उसके बारे में अधिक नहीं सोच सकने का कारण भी कवि स्वयं गिनाता है—"मुझे दवाओं के पैसे चुकाने हैं दूध का हिसाब करना है।" फिर वह कविता से पूछता है—"क्या तुम्हें जिंदा और स्वस्थ और फ़कत कामयाब/आदमी ही पसंद हैं/बीमारी और उधारी से घिरे हुए लोग नहीं/जो दुःस्वप्नों में भी शब्दों को संगठित करते हैं।" (वही, पृष्ठ 12)। जाहिर है जब सामान्य जन नाना जंजालों में घिरा हुआ है। मँहगाई से जूझ रहा है/अनेक बीमारी और उधारी में फँसा हुआ है। बाजार उसे निगलने के लिए आतुर है। लुटेरे उसे लूटने में लगे हैं। चारों ओर भय और आतंक का वातावरण है। ऐसे में उदात्त जीवन मूल्यों से युक्त मनुष्य के सुन्दर स्वरूप को चित्रित करने वाली कविता कैसे लिखी जा सकती है? और अगर वह लिखी जाती है तो वह यथार्थ की जमीन पर खड़ी कैसे मानी जा सकती है? वस्तुतः कविता का भी युगधर्म होता है। जगूड़ी जी उस युगधर्म को निभाते ही नहीं बल्कि उसकी पहचान भी कराते हैं—"अनुभव में तात्कालिक, स्वभाव में तत्वदर्शी, कथ्य में सबकी आवाज लिये, विन्यास में सर्वाधिक नाटकीय और असर में धर्म सरीखी मैं हर बार एक कविता लिखना चाहता हूँ क्योंकि कविता ही है जो हर युग में अपना धर्म सबसे पहले पहचान लेती है।" यही जगूड़ी जी की काव्य-चेतना भी है जिससे उनकी कविता में यथार्थ का रंग सर्वाधिक प्रगाढ़ हो सका है।

समकालीन कविता में लुकमान अली, नगई मेहरा, मोचीराम आदि पात्रों के द्वारा जिन सामाजिक विसंगतियों और विडम्बनाओं को उजागर किया गया है उसी कड़ी में लीलाधर जगूड़ी की कविता 'बलदेव खटिक' भी है। इस सन्दर्भ में डॉ. परमानन्द श्रीवास्तव का कहना है कि—"लीलाधर जगूड़ी की लम्बी कविता 'बलदेव खटिक' धूमिल की 'पटकथा' से आगे की चीज है। यहाँ भी सरलीकरण के रास्ते दिखाई देते हैं पर सन्दर्भ पर बल देते रहने से एकांगी इतिवृत्त-स्थल सार्थक काव्यमयता में बाधक नहीं बनता। यहाँ सन्दर्भ के नाम पूरे-पूरे चरित्र हैं जो कविता को एक औपन्यासिक

रुख देते हैं।" (हिन्दी कविता साठ के बाद, सम्पादक-बचनदेव कुमार, पृष्ठ 17)। यह कविता व्यवस्था जनित विसंगति और विडम्बना का दस्तावेज तो है ही मानवीय संवेदना की क्षरणशीलता का भी कारुणिक आख्यान है। इसमें कई पात्र हैं रँगतू, नंगा-भूखा उसका परिवार, बलदेव खटिक, दीवान और पुलिस विभाग के कर्मचारी। अपने परिवार की भूख मिटाने के लिए रँगतू राशन लूटने में शरीक क्या हुआ कि सुबह होने से पहले उसे गिरफ्तार कर लिया जाता है। यह बात अलग है कि उसके परिवार ने उस रात भरपेट भोजन किया था। रँगतू का चरित्रांकन करते हुए कवि एक बड़ी बात कहता है—"रँगतू एक अकेले आदमी का दर्द है/और अकेला आदमी अपराधी होता है।" (बची हुई पृथ्वी, पृष्ठ 105)। पक्का जेल आर्डर बनवाने तक रस्से में जकड़े हुए रँगतू को एक कमरे से दूसरे कमरे में ले जाने वाला सिपाही बलदेव खटिक इस कविता का प्रमुख चरित्र है। माँ की बीमारी का तार लिए वह अपनी डयूटी कर रहा है। तीसरे दिन छुट्टी मिलने पर जब वह गाँव पहुँचा तब उसकी माँ सुई की नोक पर अभी झड़ पडने वाली पानी की बून्द की तरह उसका इन्तजार कर रही थी। वह एम्बुलेंस के लिए भागा-भागा जिला अस्पताल जाता है किन्तु वह तो भाँग-धतूरों के पौधों के बीच न जाने कबसे आराम फरमा रही है। बलदेव इस उम्मीद के साथ अपने पास के थाने पहुँचता है कि वहाँ जरूर कोई गाड़ी मिल जाएगी क्योंकि वह भी तो उसी विभाग का कर्मचारी है-भले ही छोटे पद पर है तो क्या हुआ? लेकिन वहाँ उससे कहा जाता है कि—"पुलिस की गाड़ी अपराधियों को पकड़ने के लिए है/घर पर मरो या अस्पताल में मरो/सड़क पर मरो या श्मशान घाट पर पहुँचकर मरो/मरना कहीं भी अपराध नहीं है/और फिर तुम्हारी माँ का हमारे पास कोई वारण्ट नहीं है जो हम गाड़ी भेज दें।" (वही, पृष्ठ 106)। यह मानवीय संवेदना की क्षरणशीलता और व्यवस्था के जड़ीभूत होने का चरमोत्कर्ष है।

आखिर बलदेव की माँ मर जाती है। माँ के श्राद्ध-कर्म के बाद उस्तरा फिरा सिर लेकर बलदेव खटिक जब अपनी ड्यूटी पर बिजनौर थाना वापस लौटता है तब वह अपराध और देश की स्थिति के बारे में गम्भीरता से विचार करता है। वह अपने उस दीवान के बारे में सोचता है जो केवल चाँदी या सोने की कलम से रिपोर्ट लिखता है। कानून की कलम की लकड़ी से लिखना वह जानता ही नहीं है। इस कुव्यवस्था और देश की दशा-दुर्दशा पर विचार करते हुए बलदेव खटिक विक्षिप्त हो जाता है। वह अपनी नौकरी पर थूकने और उसे गाली देने लगता है। वह माँ-माँ चिल्लाता हुआ गाँव पहुँच जाता है। वह दौड़ता हुआ रँगतू की झोपड़ी में जाकर बेहोश हो जाता है। पुलिस वाले आते हैं। सबसे पहले उसके कपड़े उतारते हैं।

कवि व्यंग्य करता है—"पहले उन्होंने उसके सरकारी कपड़े उतारे/क्योंकि सरकार पागल नहीं होती/सरकार अपराधी नहीं होती।" (वही, पृष्ठ 112)। अब वह एक कोठरी में बन्द है और उससे बयालीस नम्बर जूनियर एक संतरी उसकी पहरेदारी में लगा है। उसकी छाती पर भी गोलियों का एक पट्टा है। सिर पर टोपी और हाथ में बन्दूक है। मगर यह पहले वाले सिपाही यानी बलदेव खटिक से कहाँ अलग है? यह भी अपने देश को न कहीं पर पाता है न कहीं पर खोता है। उससे कहा गया है कि हरेक पर शक करो। विश्वास केवल दीवान का करो-दरोगा का करो। कवि टिप्पणी करता है—'अब देखना यह है कि/ये कब पागल होता है।" (वही, पृष्ठ सं. 113)। जाहिर है लीलाधर जगूड़ी की आख्यानपरक कविता सरकारी तन्त्र के समकालीन चेहरे को जिस तरह प्रस्तुत करती है वह आज भी उसी तरह बदरंग है। कविता का अन्त परिवर्तन की कामना के साथ हुआ है जिससे कवि की आशावादिता प्रकट होती है। 'तथाकथित महान लोग' शीर्षक कविता नये मुहावरों के साथ व्यंग्य के नये तेवर में महानता के सत्य को जिस तरह उद्घाटित करती है उससे महान लोगों की काली करतूतों का पर्दाफाश हो जाता है—

''तथाकथित महान लोग रात का क्या करते हैं?
महान लोग रात को लबादे की तरह नहीं ओढ़ते
जैसे कि कैदी ओढ़ते हैं
रात उनके लिए
दिन भर के कुकर्मों पर पड़ा हुआ पर्दा है
रात के सामने वे झुके हुए होते हैं
क्योंकि उनके कहने से
न वह गिरती है न उठती है।

(बची हुई पृथ्वी, पृष्ठ 22)

समकालीन कविता में लीलाधर जगूड़ी की छवि एक विद्रोही कवि की है तो इसलिए कि उन्होंने लोगों के दुःख-दैन्य के साथ-साथ उनके सोच-विचार, तनाव, छटपटाहट आँच और ऊष्मा को अनुभव किया तथा ताप तप्त होकर कविता में उनकी अभिव्यक्ति की। 'पेड़ की आजादी', 'एक शब्द तिनका', 'इस व्यवस्था में', 'लड़ाई', 'विरोध', 'बच्चा और राजनीति', 'टेलीफोन', 'हत्या', आदि कविताओं में उनके विद्रोही स्वर को महसूस किया जा सकता है। उन्होंने जहाँ भी विसंगतियों और विद्रूपताओं का ताण्डव नृत्य देखा वहीं उनकी लेखनी आग उगलने लगी है। वे विद्रोह की लपटों में स्वयं को तपाने की बात भी करते हैं—"पत्ती की नोक पर ओस

के फूल में/सूर्य को बिठाऊँगा मैं/हर रोज सूर्यमुखी होकर तपूँगा मैं।" (रात अब भी मौजूद है, पृष्ठ 53)। इसके पीछे उनका उद्देश्य शोषण और दु:ख-दारिद्रय से मुक्त समाज की स्थापना है। सभी को स्वाभिमानी बनाना है—"एक मामूली चिड़िया को भी/हमें अब स्वाभिमानी बनाना है।" (वही, पृष्ठ 25)। इसके लिए वे उदास और हताश लोगों को विद्रोह हेतु आमन्त्रित करते हैं, उन्हें उत्साहित करते हैं—

"उदास लोगों! उठो और नामंजूर करो
उठो और विरोध करो।
उठो और चोट करो।" (वही, पृष्ठ 24)

लीलाधर जगूड़ी की कविता में प्रश्नवाचकता अपेक्षाकृत अधिक है। प्रश्न वे समाज से करते हैं, राजनीति और धर्म के ठेकेदारों से करते हैं, कविता से करते हैं और स्वयं अपने आप से भी करते हैं। इसका उद्देश्य-समस्याओं का समाधान ढूँढना है। बच्चों पर लिखी उनकी कविता—'सपने में पाठ्य पुस्तक' भावी पीढ़ी की दशा-दिशा पर प्रश्न है कि बस्तों का बोझ लादकर आखिर हम उन्हें कहाँ ले जाना चाहते हैं?

फैन्टेसी से कविता में एक जादुई वातावरण बनाने की कला में लीलाधर जगूड़ी की प्रतिभा की कोई तुलना नहीं है। अनुभव का यथार्थ और विचारों का वैविध्य उनकी कविता के पाट को एक सहज विस्तार देते हैं। इतने के बावजूद अगर उनमें संप्रेषणीयता का कोई संकट उत्पन्न नहीं होता है तो पठनीयता के संकट से जूझ रही कविता वाले आज के इस युग में जगूड़ी जी की कविता की ताकत का अन्दाजा लगाया जा सकता है।

राजेश जोशी : वर्तमान से मुठभेड़ और भविष्य का स्वप्न

भूमंडलीकरण और बाजारवाद के इस युग में कविता की जगह और जरूरत लगातार बहस का मुद्दा बनी हुई है। ऐसे में कोई कवि जब कविता की ताकत का एहसास कराता है तब वह काव्य-गगन का ध्रुवतारा बनकर न केवल प्रोद्भासित होता है बल्कि दिशाहीनता की स्थिति में वह मार्गदर्शक भी बनता है। राजेश जोशी ऐसे ही कवि हैं जिन्हें न केवल कविता की शक्ति और सामर्थ्य पर पूरा भरोसा है बल्कि कविता से ढेरों उम्मीदें भी हैं। अपने समय को सजगता के साथ देखने-पहचानने और मुडभेड़ करने तथा भविष्य का सुन्दर सपना देखने के कारण ही वे कविता की भूमिका सुनिश्चित करने में अपने को सर्वाधिक सक्षम पाते हैं। इसी बल पर वे कविता के दीर्घावधि तक जीने की बारीकी समझाते हैं—"कविता अपने वर्तमान से मुठभेड़ है और भविष्य का स्वप्न भी। इसलिए किसी भी समय का समाज कविता से यही चाहता है कि कविता वर्तमान से मुठभेड़ करे और भविष्य का स्वप्न भी दिखाये। जो कविता ऐसा करते हुए मनुष्य के अन्तः करण में जितनी अधिक भीतर तक धँसेगी वह उतने ही अधिक समय तक जीवित रहेगी।" (वागर्थ, अप्रैल-जुलाई 2020, पृष्ठ संख्या 54)।

कविता का वर्तमान से मुठभेड़ और भविष्य का स्वप्न-दर्शन आज और भी जरूरी इसलिए हो गया है कि बाजार घर में घुस आया है। इसका दुष्परिणाम यह हुआ है कि संवेदनायें सतत क्षीणता को प्राप्त हो रही हैं जबकि संवेदना कविता के लिए भी जरूरी है और सम्पूर्ण मानवता के लिए भी। संवेदना सपनों को जीवित रखती है जबकि बाजार सपनों का सौदा करता है। बाजार ने सबसे पहले जेब के सिक्कों को चुराया और अब वह हमारी भाषा तथा सपनों का सौदा करने में लगा है—

"बाजार पहले ही चुरा चुका था
हमारी जेब में रखे सिक्कों को

और अब वह सौदा कर रहा था हमारी भाषा का
और हमारे सपनों का।''

(चाँद की वर्तनी, पृष्ठ सं. 85)

राजेश जोशी बाजार की माया से सबको सावधान भी करना चाहते हैं। वे यह बताते हैं कि बाजार कैसे मुफ्तखोरी की आदत में पहले फँसाता है और फिर उस भँवर जाल में फँस जाने के बाद वहाँ से निकलना मुश्किल हो जाता है। राजेश जोशी मुफ्त की चीजों को 'अतिरिक्त चीज की माया' कहते हैं। जरूरत की चीज और अतिरिक्त चीज के द्वन्द्व में विजयी अतिरिक्त चीज ही होती है जबकि जरूरत की चीज स्वास्थ्य है और अतिरिक्त चीज रोग। यह रोग बाजार का दमकता उल्लास है। इस अतिरिक्त चीज रूपी रोग से बचना जितना मुश्किल है, उससे बचना उतना ही जरूरी है क्योंकि लालच धीरे-धीरे इतना पाँव पसार देता है कि सारी जगह अतिरिक्तों से भर जाती है और जरूरत की चीजों के लिए जगह ही नहीं बचती—

''बाजार से लेने जाता हूँ, ज़रूरत की कोई चीज़
तो साथ थमा दी जाती है एक और चीज़ मुफ्त
उस चीज़ की कोई जरूरत नहीं मुझे
पर लेने से इन्कार नहीं कर पाता उसे
और बस इसी एक पल में पकड़ लिया जाता हूँ
उस अतिरिक्त के लिए ज़रूरत की चीज़ों के बीच
थोड़ी जगह बनाता हूँ
तो ज़रूरी चीज़ों की जगह थोड़ी सिकुड़ जाती है
अतिरिक्त हमारे मन की कमजोरी को पहचानता है
लालच धीरे-धीरे पाँव पसारता है
एक अतिरिक्त दूसरे अतिरिक्त को बुलाता है
और दूसरा अतिरिक्त तीसरे अतिरिक्त के लिए
जगह बनाता है
एक दिन सारी जगह
अतिरिक्तों से भर जाती है।''

(वागर्थ, अंक-144, जुलाई, 2007, पृष्ठ सं. 18)

कहना न होगा कि समकालीन जीवन का केन्द्र है-धन। धन यानी खरीदने की ताकत। आज इस ताकत की परिधि में जीवन-जगत की हर वस्तु यानी समाज, राजनीति, धर्म, न्याय, कानून यहाँ तक की संस्कृति भी है। कुछ भी ऐसा नहीं है जो

खरीदा न जा सके। यही कारण है कि राजेश जोशी पूँजीवादी देश अमेरिका के बढ़ते प्रभाव तथा पूँजी के प्रपंच को सर्वाधिक हानिकारक मानते हैं। बहुराष्ट्रीय कम्पनियों के लगातार फैलते जाल के प्रति भी वे अपना आक्रोश प्रकट करते हैं—

''मैं कहता हूँ बहुत हानिकारक है
व्यक्ति के लिए नहीं पूरे देश के लिए हानिकारक है
दिनोंदिन बढ़ते जाना अमेरिका का दबाव राष्ट्रवाद का नया उफान
बित्त पूँजी का प्रपंच बजरंगियों का उत्पात्त बहुराष्ट्रीय कंपनियों का
लगातार फैलता जाल।''

(चाँद की वर्तनी, पृष्ठ सं. 91)

कभी कविता के लिए ज्ञानात्मक संवेदन और संवेदनात्मक ज्ञान की चर्चा जोरों पर थी लेकिन आज जब समय ने जीवन-जगत की सभी प्रक्रियाओं और गतिविधियों को सूचनाओं में बदल दिया है तब उसका असर कविता पर भी पड़ना स्वाभाविक है। सब कुछ को सूचना में बदलते देखना व्यक्ति और समाज के लिए हानिकारक तो है ही कवि के लिए सर्वाधिक चिन्ता का विषय भी है क्योंकि सूचना संवेदना नहीं जगाती और अगर यत्किंचित जगाती भी है तो उसका कोई स्थायी प्रभाव नहीं होता। यह सर्वविदित है कि संवेदना साहित्य की पूँजी है। वह संवेदना ही थी जिससे आदिकाव्य का सृजन हुआ। आज संवेदना को कुंद करने में सूचना तन्त्र का बड़ा हाथ है। राजेश जोशी की सबसे बड़ी चिन्ता संवेदना के भोथरा होने को लेकर है। उनकी दृष्टि में वर्तमान समय की सबसे भयावह स्थिति यह है कि सच भी अब सिर्फ सूचना मात्र है—

''यह समय सूचनाओं का समय है
सूचनाओं में तब्दील हो रहा है ज्ञान
यहाँ तक कि सच भी अब सिर्फ एक सूचना है।''

(चाँद की वर्तनी, पृष्ठ सं. 30)

कविता का समाज से बुनियादी सरोकार है। कविता के सरोकारों की दुनिया वस्तुतः समाज के सरोकारों की दुनिया है। जैसे कविता को समाज की जरूरत है वैसे ही समाज को कविता की जरूरत है। कविता जब समाज से कटती है तो वह व्यक्तिगत बुद्धि-विलास के अलावा और कुछ नहीं रह जाती। राजेश जोशी 'नई दुनिया की संरचना का नया ड्राफ्ट' प्रस्तुत करने वाले कवि हैं। वे यह जानते हैं कि 'कहाँ बची है खैरियत किसकी बची है खैरियत'। यही भावबोध उनके सामाजिक सरोकारों की दुनिया के पाट को और विस्तार देता है। जाहिर है समाज मनुष्यों का समूह है

और कविता मनुष्यता की संवेदन-लय है। समाज मनुष्य की प्रगति का आकांक्षी है तो कविता मनुष्यता के विकास की कामना से युक्त है। इसीलिए समाज पर मँडराते संकट से कविता निरपेक्ष नहीं रह सकती। कवियों में समाज और प्रकारान्तर से कविता के आसन्न संकट के प्रति जो छटपटाहट है वह वर्तमान जगत की विसंगतियों और विडम्बनाओं की उपज है। आज कविता के समक्ष अनेक चुनौतियाँ हैं जिनमें एक बड़ी चुनौती कविता की सामान्य जन तक पहुँच की है। समकालीन कविता का एक बड़ा भाग ऐसा है जो आम आदमी तो दूर विद्वान कवियों तक अपनी पहुँच बना पाने में समर्थ नहीं है। राजेश जोशी की चिन्ता का एक कारण कविता को अनदेखा और अनसुना किया जाना है। वे इस समस्या की जड़ तक जाने की कोशिश करते हैं। उन्हें लगता है कि उपभोक्ता संस्कृति ने कविता को अनदेखा और अनसुना किये जाने में बड़ी भूमिका निभाई है—"उपभोक्ता संस्कृति के कानफोड़ शोर ने सार्थक और समर्थ शब्द को पाले से बाहर कर दिया है। कविता को अनदेखा और अनसुना किया जा रहा है।" (वर्तमान साहित्य, अंक=7-8, अप्रैल-मई संयुक्तांक, 1992, पृष्ठ 6)।

उपभोक्ता संस्कृति को बढ़ावा देने का कार्य बाजार और मीडिया कर रहा है। यह बात अलग है कि मीडिया के केन्द्र में मनुष्य है और कविता के केन्द्र में भी मनुष्य है। मीडिया भी बिम्ब रचता है और कविता भी बिम्ब रचती है किन्तु दोनों के सरोकार और रीति-नीति में काफी अन्तर है। राजेश जोशी का कहना है कि—"मीडिया द्वारा रचा जा रहा बिम्ब अक्सर बहुत वाचाल बिम्ब होता है। उसे कम समय में ज्यादा बोलने और जल्दी आकर्षित करके अपना काम निकालना होता है। वह सोचने का स्पेस देने का अय्याशी नहीं कर सकता। कविता का बिम्ब अपनी प्रवृत्ति में इससे बिल्कुल उल्टा होता है। वह एक अवकाश रचता है।" (आलोचना, जनवरी-मार्च, 2003, पृष्ठ 34)। कहना न होगा कि कविता का स्वभाव मीडिया से अलग है। वह मीडिया से अधिक लोकतान्त्रिक और सत्य-सक्षम है। यह बात अलग है कि कवियों का समाज ऐसे स्वनामधन्य कवियों से भरा पड़ा है जिन्हें दूसरे कवि द्वारा अच्छी कविता का लिखा जाना बर्दाश्त नहीं है। उन्हें किसी कविता को अच्छा कहने में भी कठिनाई होती है। समकालीनों पर अपनी राय देना भी उन्हें अच्छा नहीं लगता लेकिन विदेशी कवियों के बारे में हर वक्त बातें करने में उन्हें कोई तकलीफ नहीं होती-राजेश जोशी लिखते हैं—

''कैसे बर्दाश्त कर पायेगा सुकवि
कि कोई दूसरा कवि लिख डाले

एक अच्छी कविता
चैन से नहीं बैठेगा वह
पी डालेगा दर्जन भर सिगरेटें और काली चाय
आपने समझ क्या रखा है उसे
बड़ी मुश्किल से किसी कविता को वह कहेगा 'अच्छा'
और अगर भूल से कहीं निकल गई 'वाह'
तो मरोड़ होने लगेगी उसके पेट में
वह टालेगा, समकालीनों पर
नहीं देगा अपनी राय
विदेशी कवियों के बारे में बतियायेगा
हर वक्त..... ।''

(दो पंक्तियों के बीच, पृष्ठ 100-101)

राजेश जोशी ने बिल्कुल नये विषय और नये सन्दर्भ को अपनी काव्य-संवेदना का आधार बनाकर मनुष्यता के फलक को विस्तार देने का प्रयास किया है। उन्होंने अछूते प्रसंगों को इस तरह उठाया है कि युग सत्य के साथ मानवीय मूल्यों को जागृत होने का अवकाश अपने आप मिल गया है। उनकी कविताओं में अभिव्यक्त यथार्थ-बोध सामान्य जनता की पक्षधरता का सूचक है। वे समकालीन जनवादी कविता को वस्तु और शिल्प की जो संश्लिष्टता प्रदान करते हैं वह उन्हें अपने समकालीनों में बिल्कुल अलग भूमि पर प्रतिष्ठित कर देता है। राजेश जोशी की कविता में एक तरफ धूमिल की परवर्ती परम्परा परिलक्षित होती है तो दूसरी तरफ समकालीन जीवन के प्रश्न। उनकी कविता में उनका वर्तमान अपने पूरे परिदृश्य के साथ उपस्थित रहता है। या यों कहें कि उनकी कविता में वर्तमान से मुठभेड़ का जो साहस है वह अन्यत्र दुर्लभ है। अपने समय को सजग रूप में पहचानना और विसंगतियों तथा विडम्बनाओं को अपनी कविता का विषय बनाना उनकी कविताई की सबसे बड़ी विशेषता है। चूँकि वे आम आदमी के साथ खड़े होकर चीजों को देखते हैं इसलिए उसमें सामान्यता बोध की अधिक सम्भावना रहती है। यही साधारणता उनकी कविता को असाधारण बनाती है। काम पर जाते बच्चों को विवरण की तरह लिखा जाता है जबकि वहाँ सवाल होना चाहिए। राजेश जोशी इस सवाल को जिस तरह उठाते हैं उससे 'बच्चे काम पर जा रहे हैं' कविता एक असाधारण कविता बन जाती है—

''कोहरे से ढकी सड़क पर बच्चे काम पर जा रहे हैं
सुबह-सुबह
बच्चे काम पर जा रहे हैं

हमारे समय की सबसे भयानक पंक्ति है यह
भयानक है इसे विवरण की तरह लिखा जाना
लिखा जाना चाहिए इसे एक सवाल की तरह
काम पर क्यों जा रहे हैं बच्चे?
क्या अन्तरिक्ष में गिर गई हैं सारी गेंदें
क्या दीमकों ने खा लिया है
सारी रंग बिरंगी किताबों को
क्या काले पहाड़ के नीचे दब गये हैं सारे खिलौने
क्या किसी भूकम्प में ढह गई हैं
सारे मदरसों की इमारतें
क्या सारे मैदान, सारे बगीचे और घरों के आँगन
खत्म हो गये हैं एकाएक
तो फिर बचा ही क्या है इस दुनिया में?''

(नेपथ्य में हँसी, पृष्ठ सं. 23-24)

'एक दिन बोलेंगे पेड़' काव्य-संग्रह में बच्चे, चिड़िया, पेड़, पहाड़, पत्थर, प्याज आदि पर असाधारण कवितायें संगृहित हैं। राजेश जोशी की कई कवितायें बच्चों के जीवन-संघर्ष को उभारने में अपना कोई सानी नहीं रखतीं। उनमें बच्चों के प्रति किये जा रहे अमानवीय व्यवहार, क्रूरता, घृणा और उपेक्षा, अपमान, तिरस्कार का जो वर्णन है वह पाषाण-हृदय में भी संवेदना जगाने के लिए काफी है। बच्चों की मासूमियत और कोमलता पर भी राजेश जोशी ने सुन्दर कवितायें लिखी हैं। उनमें बच्चों की भावुकता और संवेदना को उभरने का पर्याप्त अवसर मिला है। उनकी एक कविता में भीख माँगने वाले बच्चे एक ऐसा सपना देखते हैं जिसमें उन्हें अपनी जिन्दगी के बदल जाने का भरोसा है-हालाँकि यह यथार्थ में परिणत होगा या नहीं -यह समय और समाज की गति और नियति पर निर्भर है—

''कभी-कभी वे एक स्वप्न भी देखते हैं
जिसे हमारे समय की रंगीन आपराधिक फिल्मों ने
रचा है उनके दिमाग में
जिस पर उनका भरोसा है कि उस तरह एक दिन
बदल जायेगा उनका भी जीवन।''

(दो पंक्तियों के बीच, पृष्ठ 28)

राजेश जोशी की एक कविता है—'रुको बच्चो'। शहर की व्यस्त सड़क को पार करने के लिए बच्चे उसके किनारे खड़े हैं। तेज गति से साइरन बजाती प्रभुवर्ग की गाड़ियाँ गुजर रही हैं। बच्चे रुके हुए हैं। सलाह और हुक्म के बीच का सम्बोधन आत्मीय है-उसी के बीच उभरता है प्रभुवर्ग की प्रभुता का वर्चस्व। उसके पास बहुत काम है लेकिन काम को पूर्णता देने की कोई जल्दी नहीं है। कोई दिलचस्पी नहीं है। दिलचस्पी इसमें है कि उसके पास हमेशा बहुत काम रहे जो व्यस्तता का रौब गाँठने के काम आता रहे। उसकी प्रभुता का वर्चस्व बनाये रखे। देश के लिए उसकी अनिवार्यता सिद्ध करता रहे। इस वर्ग को जल्दी जाना है लेकिन पहुँचना कहीं नहीं है। कविता का वाचक कहता है कि इन्हें पहले निकल जाने दो। बच्चो, तुम रुक जाओ—"रुको बच्चो, रुको/साइरन बजाती इस गाड़ी के पीछे-पीछे/बहुत तेज गति से आ रही होगी किसी मन्त्री की कार/नहीं नहीं उसे कहीं पहुँचने की कोई जल्दी नहीं/ उसे तो अपनी तोंद के साथ कुर्सी से उठने में लग जाते हैं कई मिनिट/उसकी गाड़ी तो एक भय में भागी जाती है इतनी तेज/सुरक्षा को एक अंधी रफ्तार की दरकार है/ रुको बच्चो/इन्हें गुज़र जाने दो/इन्हें जल्दी जाना है/क्योंकि इन्हें कहीं नहीं पहुँचना है।" (वही, पृष्ठ 24)। विसंगति और विडम्बना को उभारने में इस कविता की सार्थकता का आधार उसकी साफगोई है। राजेश जोशी सपाट बयानी में भी बड़ी बात कहने में इसलिए सफल होते हैं कि वे स्थितियों/घटनाओं को बड़ी बारीकी से देखते हैं। उसके साथ चलते हैं। उसमें लय होकर मुक्ता-प्रवाल निकाल लेते हैं।

प्रसन्नता और विकसनशील जीवन की सम्भावनामयी प्रेरकता का बच्चों के माध्यम से उद्घाटन राजेश जोशी की काव्य-संवेदनाका एक महत्त्वपूर्ण आयाम है। वे बच्चों के सुरक्षित एवं सुविधायुक्त उल्लासमय जीवन के प्रबल पक्षधर हैं। बच्चे का खड़ा होना, डगमगाकर पैर जमाना और इस तरह 'चौड़ी होती जमीन' के विस्तार को नापना प्रकृति के उल्लास का कारण है। प्रकृति जीवन की माँ है। जन्म देने के साथ-साथ जीवन को पालती-पोसती भी है। बड़ा भी करती है। प्रकृति है ही इसलिए कि बच्चा पाँव ले। अपने चेतन रूप को बड़े होते, चलना सीखते देख कौन उल्लसित न हो उठेगा। राजेश जोशी लिखते हैं—

"बच्चा पाँव ले रहा है
पहाड़ पीछे सरक रहे हैं
नदियाँ पीछे सरक रही हैं
चौड़ी हो रही है जमीन
मैदान चौड़ा रहे हैं

लम्बी हो रही हैं सड़कें
ऊँचा हो रहा है आकाश
बच्चा पाँव ले रहा है।''

(एक दिन बोलेंगे पेड़, पृष्ठ 42)

राजेश जोशी की एक महत्त्वपूर्ण कविता है—'उस प्लम्बर का नाम क्या है?'। यह बहुआयामी और विविध कोणों वाली कविता है। यह इस तथ्य को उद्‌घाटित करती है कि हमें उन सामान्य जन की याद नहीं रहती जो हमारे किसी न किसी काम आते हैं लेकिन उन्हें जरूर याद रखते हैं जो तानाशाह हैं, हत्यारे हैं, भ्रष्ट राजनेता हैं, यौन प्रकरणों में संलिप्त तथाकथित उच्च लोग हैं। इस कविता के वाचक को उस प्लम्बर का नाम याद नहीं है जो कई बार पाइप लाइन ठीक करने आया है-" लेकिन घंटे भर से कोशिश कर रहा हूँ/पर याद नहीं आ रहा है इस वक्त उस प्लम्बर का नाम/जो कई बार आ चुका है हमारी पाइप लाइन में/अक्सर हो जाने वाली गड़बड़ी को ठीक करने/वो कहाँ रहता है, कहाँ है उसके मिलने का ठीहा/कुछ भी याद नहीं।" (दो पंक्तियों के बीच, पृष्ठ 46)। कविता की अन्तिम पंक्ति में उसे अपनी पत्नी को आवाज देनी पड़ती है—"सुनो.....उस प्लम्बर का नाम क्या है?" इससे पुरुष की स्त्री पर निर्भरता की भी सूचना मिलती है। पुरुष की जानकारी ज्ञान-विलास है जबकि स्त्री की जानकारी ज्ञान-जरूरत। यह ज्ञान-विलास के विरुद्ध ज्ञान-जरूरत की भी कविता है। स्त्री पुरुष की अपेक्षा अधिक जानकारी रखती है—विशेषत: घर गृहस्थी के बारे में। राजेश जोशी की एक अन्य कविता में पत्नी कार्यालय से थककर आयी है और आराम कर रही है। उसका पति कहता है कि आज चाय वह बनायेगा। रसोई में जाते ही चाय का पानी चढ़ाकर चायपत्ती और चीनी की जगह जानने के लिए पत्नी को आवाजें लगाता है। पत्नी रसोई में आती है और पति को चाय बनाने के काम से हटाती हुई कहती है कि बाहर जाकर टी.वी. देखो। ऐसा कहते हुए वह मुस्कराती है—"जैसे कहती हो यह मेरी सृष्टि है/तुम नहीं जान पाओगे कभी/कि किन बादलों में रखी हैं बारिशें, किन में रखा है कपास/कोई डब्बा खोलते हुए कहती है/यह तो मैं हूँ कि अबेर रखा है सब कुछ/वरना तुम तो ढूँढ नहीं पाते अपने आपको/जाओ बाहर जाकर टी.वी. देखो/एक काम पूरा नहीं करोगे और फैला दोगे/मेरी पूरी रसोई।" (वही, पृष्ठ 40-41)। यहाँ यह ध्यातव्य है कि वह घरेलू नहीं काम काजी स्त्री है लेकिन रसोई उसी की सृष्टि है। पुरुष उस रसोई में सहभागिता करना चाहता है किन्तु वह उसके लिए अयोग्य है। उसके रसोई में प्रवेश-मात्र से ही रसोई सम्बन्धी

चीजों के बिखरने का खतरा है। स्त्री मुक्ति की प्रक्रिया में पुरुष-संवेदन-गर्भ से जन्मी यह कविता कई अर्थ-सन्दर्भों को अपने भीतर समाहित किये हुए है।

भोपाल गैस त्रासदी पर ढेरों साहित्य लिखा गया है लेकिन राजेश जोशी की कविता में यथार्थ के अन्तरंग स्पंदनों का जो रूपायन हुआ है वह विरल है। कवि को प्रदूषित हवा का ज़हर और खुली हवा में भागने की चीख हरदम सुनाई पड़ती है। इस चीख-कराह का आलम यह है कि वृक्ष अब वसन्त का स्पर्श नहीं करना चाहते। वसन्त भी लज्जित, सहमा और शंकित है। वह चुपचाप प्रत्यागमन करना चाहता है क्योंकि फूलों और फलों के सपने उसके दास नहीं रहे। पेड़ वसन्त को नहीं लकड़हारों को बुला रहे हैं। ऐसे भयावह समय में कोई और ही जगह चला जाना चाहेगा—"रेलवे प्लेटफार्म पर/बेचैनी से चहलकदमी करता सोचता है वह/किसी भी दिशा को जाने वाली आए कोई भी गाड़ी/चढ़कर चला जायेगा वह/किसी और शहर को।" (मिट्टी का चेहरा, पृष्ठ 82)। लेकिन वह अन्यत्र जा भी नहीं सकता क्योंकि चीख-कराह ने कवि को शहर से और प्रगाढ़ता के साथ जोड़ दिया है—"जिस मिट्टी के नीचे दबी हों/अपनों की हड्डियाँ/कोई छोड़कर जा भी कैसे सकता है/वह जगह।" (वही, पृष्ठ 80)। 'भोपाल' पर राजेश जोशी की कई रंग और मिजाज की कवितायें हैं। 'अहद होटल' शहर की जीवन्तता का प्रतीक था किन्तु वह बन्द हो गया है। होटल का बन्द हो जाना कवि को दुखी करता है। किन्तु सिर्फ होटल का बन्द हो जाना ही उसकी चिन्ता का विषय नहीं है। चिन्तनीय है इस होटल के माध्यम से लेखकों और सोचने-समझने वालों के बीच होने वाली अड्डेबाजी का बन्द हो जाना। तर्क-वितर्क, वाद-विवाद-संवाद के साथ-साथ रिश्तों का धुँधला जाना कवि की चिन्ता का विषय है—

''धीरे-धीरे खत्म होने लगी
लेखकों और सोचने समझने वालों के
बीच अड्डेबाजियाँ
अहद होटल की धुँधली पड़ती यादों
के साथ-साथ
धुँधले पड़ने लगे लोगों के बीच सारे
सम्बन्ध
जहाँ कभी अहद होटल था
अब वहाँ चमचमाते जूतों की एक आलीशान दुकान है।''

दैनिक जीवन में बढ़ते जा रहे अँधेरे और मँहगी होती जा रही रोशनी के अन्तर्विरोध एवं अन्तर्द्वन्द्व को राजेश जोशी ने 'बिजली का मीटर पढ़ने वाले से बातचीत' शीर्षक कविता में सहज ढंग से प्रस्तुत कर दिया है। उन्होंने संवाद शैली में यह प्रश्न भी खड़ा किया है कि रोशनी का क्षेत्रफल कम करने और अँधेरे के क्षेत्रफल को बढ़ाने का जिम्मेदार कौन है? किसका यह षड्यन्त्र है। किसके इशारे पर यह हो रहा है—"हम एक ऐसे समय के नागरिक हैं/जिसमें हर दिन मँहगी होती जाती है रोशनी/और बढ़ता जाता है अँधेरे का क्षेत्रफल लगातार।" (जिद, पृष्ठ संख्या-41)। सामान्य जन से साक्षात्कार करने वाली राजेश जोशी की कवितायें ऊपर से सामान्य भले लगें लेकिन वे अपने भीतर बड़ा प्रश्न छिपाये रखती हैं। उनमें निहित समस्यायें सामान्य दिखती हुई भी सामान्य नहीं होती। 'सड़क पर चलते हुए' राजेश जोशी की ऐसी ही एक सामान्य कविता है किन्तु वह अपने गूढ़ार्थ में कई स्तरीय व्यंजनाओं को समाहित किये हुए है। यह मजदूरों और सत्ता के बीच टकराहट उत्पन्न करने वाली कविता है। सरकार सड़क बनाने का श्रेय मजदूरों/श्रमिकों को न देकर स्वयं का पीठ थपथपाती है किन्तु कवि की सारी सहानुभूति उन मजदूरों एवं श्रमिकों के साथ है जो अपने परिवार तथा बाल बच्चों से दूर भूखे-प्यासे रहकर सड़क बनाने का कार्य करते हैं—

''मैं नगरों और महानगरों की शानदार सड़कों पर चलते हुए
अक्सर शर्मिन्दा हो जाता हूँ
न जाने किन-किन इलाकों के अकाल से धकियायी गईं
स्त्रियों और पुरुषों ने ही बनाई हैं इस मुल्क की
ज्यादातर शानदार सड़कें।'' (वही, पृष्ठ 77)

'संग्रहालय' कविता में राजेश जोशी की भाव-भूमि, चिन्ता और पीड़ा लगभग वही है जो उपर्युक्त कविता में प्रकट हुई है। संग्रहालय में रखी वस्तुओं को हम देखते हैं लेकिन उन्हें बनाने वाले शिल्पियों, कलाकारों, रंगरेजों, दर्जियों, मोचियों आदि के बारे में हमें कुछ भी पता नहीं चलता। वहाँ न तो उनका कोई चित्र होता है और न ही कहीं कोई जिक्र होता है जबकि उपयोगकर्त्ताओं का वहाँ पूरा विवरण होता है—

''दीवारों पर सुनहरी फ्रेम में मढ़े उन शासकों के विशाल चित्र थे
जिनके नीचे उनका नाम और समय भी लिखा था
जिन्होंने उन चीजों का उपयोग किया था
लेकिन उन चीजों को बनाने वालों का कोई चित्र नहीं था
न कहीं उनका कोई नाम था।''

भय, भूख, अपमान, उपेक्षा तथा आशंका से भरी इस दुनिया से टकराने का साहस जितना राजेश जोशी की कविताओं में है उतना उनके समकालीनों में दृष्टिगत नहीं होता। उनकी कविताएँ वर्तमान समय और समाज का दर्पण ही नहीं हैं बल्कि उनसे जूझने-टकराने और मुठभेड़ करने का प्रकल्प भी हैं। वे सपनों की दुनिया का रचाव भी हैं।

वरुण कुमार तिवारी : क्षितिज की पगडंडी पर उजास की आस

अपनी गझिन संवेदना और तरल-सरल भाषा के चलते समकालीन कविता में विशिष्ट स्थान बनाने वाले वरुण कुमार तिवारी की कविता अगर कुछ अलग झलकती है तो इसलिए कि उसमें अपने समय और समाज की हर धड़कन को गम्भीरता से सुनने, समझने और अकृत्रिम भाव से प्रकट करने की क्षमता है। वह सकारात्मक चिन्तन, आशा, आस्था और विश्वास से ओत-प्रोत समय की भयावहता से जूझने वाली कविता है। अन्धकार के क्षणों में भी ऊष्मा और दीप्ति से नव पथ सन्धान की कविता है। वह तट पर बैठकर लहरों का संघर्ष नहीं देखती बल्कि उसमें उतरती है। टकराती है। सावधान रहती और सावधान करती है। जाहिर है कविता अपने समय से जूझे और संघर्ष किये बगैर समाज के लिए महत्त्वपूर्ण नहीं हो सकती और वह भी ऐसे क्रूर समय में जब "ग्लोबल युग की आँधी में/अदृश्य हो गये हैं/सारे सुहाने सपने/रोटी की पीठ पर चाबुक है/पूँजी का/और पसरा हुआ है/पूरा पहाड़/भविष्य के आगे/फँस रही है जिन्दगी/अनचाहे चक्रव्यूह में।" (क्षितिज पर एक पगडंडी, पृष्ठ 31) तब वरुण कुमार तिवारी की कविता अँधेरे के खिलाफ आलोकवाह बनकर उपस्थित होती है इस विश्वास के साथ कि "रातें होंगी/नख-दन्त विहीन/और सुबह/इतनी उदास नहीं होगी।" (वही, पृष्ठ 86)। उनकी एक कविता ही है 'अँधेरे के खिलाफ' जिसमें वे अँधेरे के अट्टहास से भयभीत नहीं होते तो इसलिए कि उनकी कविता उन्हें और ताकतवर बनाती है—"निकल आता है/रुका हुआ अँधेरा/अँधेरी सुरंग से/और करता है/एक भयंकर अट्टहास/कि तत्क्षण बहने लगती है। मेरे भीतर/एक सिमटी हुई नदी/अपनी ऊफानी सोच में/तब हो जाता हूँ मैं भी/कई गुणा शक्तिशाली।" (वही, पृष्ठ 120)। इसी कवि को फिर यह लगने लगता है कि "प्यासा सूरज/समन्दर तक चलकर/बुझाता है रोज प्यास/चाँदनी चलती हुई रात भर/क्षितिज की पगडंडी पर/छिटकाती है शीतल उजास।" (वही, पृष्ठ 69)।

इससे यह साफ हो जाता है कि तिवारी जी की कविता अन्याय, अमानवीयता, अत्याचार और अँधेरे का घटाटोप नहीं रचती बल्कि वह इनके प्रतिकार का विधान रचती है। क्षितिज की पगडंडी पर उजास की आस जगाती है। आस्था और विश्वास भरती है।

वरुण कुमार तिवारी के काव्य-संग्रहों 'कुछ दूर रेत पर चलकर', 'अपने होने का एहसास' तथा 'तीसरी दुनिया के लिए' से तिरासी प्रतिनिधि कविताओं का एक संचयन डॉ. शैलेन्द्र कुमार त्रिपाठी के सम्पादकत्व में 'क्षितिज पर एक पगडंडी' नाम से प्रकाशित हुआ है। 'अपने होने का एहसास' काव्य-संग्रह की एक कविता को पुस्तक का शीर्षक बनाकर सम्पादक ने एक ओर जहाँ कवि की काव्य-प्रौढ़ता को रेखांकित करना चाहा है तो दूसरी ओर क्षितिज पर पगडंडी के निर्माण की अमूर्तता में कविता की स्वप्निल आकांक्षा को उभारने की कोशिश की है। कवि वरुण कुमार तिवारी के इस विश्वास पर मुहर लगायी है कि कविता कभी निरर्थक नहीं होती। वह आज भले न पढ़ी जाय लेकिन पढ़ी जायेगी जरूर—"सदी के अन्त में/या सदी की शुरुआत में/या फिर सदी के मध्य में/पढ़ी जायेंगी/ये कवितायें।" पठनीयता का संकट भवभूति के यहाँ भी था तभी तो उन्हें यह कहना पड़ा था—"उत्पस्यन्ते च मम कोपि समान धर्मा/कालोह्य निरवधिं विपुला च पृथ्वी।" कहना न होगा कि वर्तमान समय में जीवन की जटिलताओं ने संवेदनाओं को जटिल और भोथरा किया है। कविता के प्रति उत्साह और अभिरुचि का अभाव निरन्तर बढ़ा है। यही कारण है कि वरुण कुमार तिवारी को कविता के पक्ष में खड़े होकर उसे बार-बार परिभाषित करने की जरूरत पड़ी है। उसकी अस्मिता और अवदान का बोध कराना पड़ा है। इतने के बावजूद कविता के प्रति लोगों की अरूचि उन्हें व्यथित करती है। संवेदनहीनता, अमानवीयता, नृशंसता, निष्ठुरता के कारण कवि को यह संसार जंगल लगता है। ऐसा जंगल जहाँ आदमखोरों का बसेरा है। ऐसे परिवेश में 'आदमी' को ढूँढती हुई कविता का लहूलुहान होना स्वाभाविक है—"आदमखोरों के/इस भयावह जंगल में/ढूँढते हुए आदमी को/लहूलुहान हो रही है कविता।" (वही, पृष्ठ 110)। वह टूटती है, बिखरती है, तल्ख रोशनी की चकाचौंध से चौंधियाती है—"फिर भी /अपनी विरासत और संस्कृति को/अपनी जिन्दगी की/आखिरी साँस तक/बचाना चाहती है कविता।" (वही, पृष्ठ 110)। इसीलिए "ढूँढती ही रहती है वह/इस भयावह जंगल में भी/एक अदद आदमी को लगातार।" (वही, पृष्ठ 111)। कवि को विश्वास है—"एक न एक दिन/अपने आकाश को/ढूँढ ही लेगी/कहीं न कहीं/कविता।" (वही)। क्योंकि "कविता के हाथों में है/सुबह का उजाला/और उसकी आँखों में है/सम्भावनाओं की भरपूर चमक।" (वही, पृष्ठ 113)? फ्लैप पर छपे वरुण कुमार तिवारी के जीवन-परिचय के

अनुसार 'तीसरी दुनिया के लिए' का प्रकाशन वर्ष 2002, 'अपने होने का एहसास' का 2007 तथा 'कुछ दूर रेत पर चलकर' काव्य-संग्रह का प्रकाशन-वर्ष 2009 है लेकिन इनसे प्रतिनिधि कविताओं का जो संचयन शैलेन्द्र कुमार त्रिपाठी ने 'क्षितिज पर एक पगडंडी' नाम से किया है उसमें 'कुछ दूर रेत पर चलकर' की कविताओं को पहले 'अपने होने का एहसास' की कविताओं को दूसरे तथा 'तीसरी दुनिया के लिए' की कविताओं को तीसरे क्रम पर रखा है। ऐसा करने के पीछे डॉ. त्रिपाठी का उद्देश्य जो भी रहा हो लेकिन एक सामान्य पाठक के लिए वरुण कुमार तिवारी की काव्य-यात्रा का क्रमिक विकास समझना भ्रमपूर्ण अवश्य हो गया है। तिवारी के प्रारम्भिक काव्य-संग्रह जहाँ अधिक भावपूर्ण एवं आशावादिता से ओत-प्रोत हैं वहीं 'कुछ दूर रेत पर चलकर' में यथार्थ अधिक मुखरित है। गगन बिहारी कल्पना लोक का पखेरू धरती के खुरदुरेपन से जूझने के लिए विवश हुआ लगता है। वह पहले के अनुभवों की कोमलता में सच की कठोरता का सन्निवेश करता है। 'तीसरी दुनिया के लिए' की कविताओं में जहाँ ग्राम्य-बोध एवं प्रकृति की सुरम्यता के लिए काफी स्पेश है वहीं परवर्ती कविताओं में जीवन-जगत की विसंगतियों एवं विडम्बनाओं को अधिक उभारा गया है। मनुष्यता के मार्ग में आने वाली बाधाओं तथा कठिनाइयों पर जितना फोकस परवर्ती कविताओं में है उतना पहले की कविताओं में नहीं है। वैसे भी कोई रचनाकार संवेदना के जिस धरातल से अपनी कविताओं की शुरुआत करता है आगे का भव्य भवन भी लगभग उसी पर निर्मित होता है। संवेदना और विचारधारा में एकदम उलट फेर नहीं हो जाता। बहुत कुछ वही रहता है जहाँ से उसने शुरुआत की है। जीवन-जगत को निकट से देखने, समझदारी बढ़ने एवं अनुभव के प्रौढ़ होने का थोड़ा-बहुत असर बाद की रचनाओं पर अवश्य पड़ता है। यही बात वरुण कुमार तिवारी की काव्य-यात्रा के विकास पर भी लागू होती है।

'कुछ दूर रेत पर चलकर' का कवि भावुकता के घटाटोप में नहीं जीता बल्कि जीवन की सच्चाई को यथार्थ की भूमि पर खड़े होकर देखता और भोगता है। उन सबको अपनी कविता का विषय बनाता है जो मानवता के हितवर्धक एवं स्वस्थ समाज के लिए आश्वयक हैं लेकिन जब मनुष्यता लहूलुहान हो रही हो, आर्थिक मकड़ जाल में आदमी फँसता जा रहा हो, स्वार्थ की चक्की में सत्यता और ईमानदारी पिसने के लिए अभिशप्त हो रही हों, अनाचार एवं भ्रष्टाचार की जड़ें मजबूत हो रही हों; दोहन एवं शोषण के नाखून निरन्तर बढ़ रहे हों, हत्या, मार-पीट और बलात्कार की शिकार स्त्रियाँ चीत्कार और कराह रही हों तब इन दृश्यों की कविता में मौजूदगी तो रहेगी ही। इन्हें दिखा-बताकर ही इनसे मुक्ति का विधान रचा जा सकता है। ऐसा करते समय

कविता में निराशा, हताशा, क्रोध और व्यंग्य-विरोध का आ जाना अस्वाभाविक नहीं है। यही कारण है कि वरुण कुमार तिवारी के इस संग्रह में वैसा आशावाद हिलोरे मारता नहीं दिखाई देता जैसा उनके पूर्ववर्ती काव्यों में है। यहाँ कवि जीवन-जगत की घटनाओं/स्थितियों, आचरण-व्यवहार, कुटिलता-कलुषता को तथावत प्रस्तुत करने की कोशिश करता है। इसलिए उसकी कविता का टोन भी थोड़ा बदल जाता है। उसमें तल्खी और तीखापन भी दिखाई देता है। उजास के छिपने की आशंका भी पैदा होने लगती है—"खो रही हैं पगडंडियाँ/दूर अँधेरे में/ छिप रहा है उजास/दूर क्षितिज में।" (वही, पृष्ठ 36)। अमानवीयता, अन्याय, अत्याचार, नृशंसता, घृणा, भय, वैमनस्य, आतंक और साम्प्रदायिकता आदि ने व्यवस्था को जंगली बना दिया है जिसमें तारे भी धूमिल लगते हैं—"उधर जंगल बनती/व्यवस्था के भीतर/गहराती जा रही है रात/ चिल्ला रहे हैं उल्लू/और टिमटिमाते तारे/धूमिल नजर आते हैं।" (वही, पृष्ठ 33)। मन में भय, उदासी और निराशा की व्याप्ति इतनी है कि अब कवि को कविता की ताकत पर भी सन्देह होने लगा है। भूमंडलीकरण और बाजारवाद के कारण संवेदना पर गहराते संकट का दुष्परिणाम यह हुआ है कि लोग आह से उपजी कविता पढ़ने की अपेक्षा बाजारू विज्ञापन पढ़ने में ज्यादा रुचि लेने लगे हैं—"हृदय चीरकर कवि सिरजेंगे/कविता/लेकिन पढ़ेगें लोग/अपने ही विश्वास का बाजारू विज्ञापन।" (वही, पृष्ठ 30)। वैश्वीकरण के युग में कांक्रीट के जंगल बढ़ते जा रहे हैं। इसी के साथ संवेदनहीनता भी बढ़ रही है। कवि वरुण तिवारी को लगता है कि मानवता अन्तिम साँसे गिन रही है। संवेदना के बिना मानवता कैसी और मानवता के बिना संस्कृति का क्या अस्तित्व? बाजारवादी व्यवस्था में उपजी संवेदनहीनता और अनास्था, भोग केवल उपभोग तथा विज्ञापित नग्नता में आकार लेती अश्लीलता को संस्कृति कहने के औचित्य पर कवि का प्रश्न है—

"आतंकित, विज्ञापित, नग्नता में
स्थापित
और कोरे कागज में
ले रही है आकार
अश्लीलता की अपसंस्कृति
फिर बोलो बन्धु!
कैसे कहोगे इसे संस्कृति।" (वही, पृष्ठ 43)।

लड़की और स्त्री सन्दर्भित कई मार्मिक कविताएँ तिवारी जी के काव्य-संग्रहों की शोभा हैं। इनमें लड़की की कल्पना, सपना और मनोव्यथा से लेकर टूटती,

घुटती और बिखरती जिन्दगी के चित्र हैं। 'तीसरी दुनिया के लिए' काव्य-संग्रह की 'छत पर चाँदनी में सोई लड़की' हो या 'कुछ दूर रेत पर चलकर' संग्रह की लड़की दोनों जगह सपने समान हैं। कल्पनाओं का क्षितिज एक जैसा है। पहली में लड़की अगर 'ताजमहल की/ठंडक भरी छुवन महसूसती है' तो दूसरी कविता में लड़की को "दिखाई देता है सपने में/अनन्त आकाश/और चारों दिशाओं में/असीम उजास।" लेकिन अगले ही क्षण यथार्थ की खुरदुरी जमीन का स्पर्श करते ही उसे महसूस होता है कि उसकी सारी आशाओं/आकांक्षाओं की होली जला दी गई है और फिर एक ज्वलंत प्रश्न उभरता है—

"अपनी आखिरी मुद्रा में लड़की
होना चाहती है नदी
पहुँचना चाहती है समंदर तक
लेकिन
कुछ दूर रेत पर चलकर
रेत में ही क्यों सूख जाती है
लड़की।" (वही, पृष्ठ 28)।

वरुण कुमार तिवारी का काव्य-संग्रह 'अपने होने का एहसास' न केवल उनके समय का साक्षात्कार है बल्कि भूमंडलीकरण और बाजारवाद के युग में निरन्तर क्षीण हो रही संवेदनाओं से उपजी अनास्था, निराशा, द्वन्द्व एवं तनाव में जी रहे मनुष्य के भीतर आशा, आस्था एवं निर्द्वन्द्वता का जागरण भाव भी है। इस संग्रह में दुख, अभाव, पीड़ा, विवशता और अन्धकार जैसे शब्द इसलिए बार-बार आये हैं कि कवि को लगता है—"यह बुरा वक्त, नाजुक, कठिन और पतझड़ी समय' है। फिर भी उसे विश्वास है—"मैंने देखा है/अँधेरे के खिलाफ-धूप का हँसना/अनगिन काँटों के बीच-फूलों का खिलना/और हिंसाव आतंक भरे/निर्मम वक्त में भी/बर्फ का गिरना।" इसी विश्वास ने उसे सूरज और बादलों के बीच की लगातार स्पर्धा में उजाले का पक्षधर बना दिया है। 'होने' और 'नहीं होने' के मध्य का विभेदक बना दिया है और वह इसी के चलते आदमी के 'होने का प्रवक्ता बनकर कह उठता है—"त्रासद अँधेरे में भी/गुम सुम बैठा है/तुम्हारे भीतर/एक शक्ति पुंज/जिसे तुम जानते ही नहीं।" आदमी को उसकी शक्ति का एहसास कराकर वह सलाह देता है—"माँग लो एक किरण भोर से/जो ले जायेंगी/मंजिल तक तुझे/मगर इससे पहले/विश्वास के पंख पर/होना होगा सवार/फिर अनन्त आकाश से/होओगे तुम एकाकार/खुद के होने तक।"इस तरह वरुण कुमार तिवारी का काव्य-संग्रह 'अपने होने का

एहसास' अन्धकार से प्रकाश और दुख से सुख तक की यात्रा का काव्य है जिसमें शामिल है 'मनुष्यता' को बचाये रखने की उत्कट अभिलाषा।

'अपने होने का एहसास' काव्य संग्रह की सबसे बड़ी विशेषता 'कविता' की ताकत का एहसास कराना है—खासकर उन्हें जो ईश्वर के अन्त की तरह कविता के अन्त की घोषणा करते-फिरते हैं। वर्तमान समय में 'शब्द' की सत्ता पर संकट का सन्देह करते हैं। नाजुक समय की दुहाई देते हैं किन्तु कवि वरुण कुमार तिवारी चाहते हैं—"ऐसे नाजुक समय में /मेरे आसुओं पर/तरस खाकर/उछाल दे कोई/ एक छोटा सा नाजुक शब्द ही।" अवचेतन में ही सही अंकित हो जाए/किसी की झूठी संवेदना ही।" क्योंकि उन्हें यह मालूम है—"शब्द से नि:सृत होगी ऊर्जा, जो थपथपायेगी/पसीने से लथपथ/तुम्हारी पीठ को/और लौटा लेगी तुझे/अन्धेरी दिशाओं से/एक गहन पीड़ा को कोख में पालती हुई कविता—"अँधेरी सुरंग में/रोशनी फैलाने के लिए" प्रतिबद्ध है। वह वृद्ध के थके कन्धों पर एक नौजवान का विश्वास भरा हाथ है। बच्चों की साँसों के लिए साफ-सुथरी हवा है। भूखी आँखों से रातें काटती माताओं के लिए उम्मीदों की चमक है। कविता की इन्हीं भूमिकाओं के कारण कवि उसके हाथों में अपने हृदय की अमृत भावनाओं को अर्पित करता है ताकि उसके शब्द समिधा बन यज्ञाग्नि से अर्थ की ज्योति लेकर निर्धूम आकाश में कल्लोल करें। उसे विश्वास है कि सदी के अन्त, शुरु अथवा मध्य में जब कविताएँ पढ़ी जायेंगी तब—

"रातें होंगी
नख-दन्त विहीन
और सुबह
इतनी उदास नहीं होगी
न जवान होती लड़कियाँ ही
मुंडेर पर बैठे
कागा को
अश्रुपूरित आँखों से देखेंगी।" (वही, पृष्ठ 86)

संसार की सुन्दरतम वस्तु क्या है? यह वाद-विवाद का विषय है। कवियों के लिए कभी नारी सुन्दरतम रही है तो कभी प्रकृति। बच्चों का सौन्दर्य कवियों को आकृष्ट तो करता रहा है लेकिन उन्हें संसार की सुन्दरतम वस्तु मानने का उदाहरण विरल है। वरुण कुमार तिवारी संसार की सुन्दरतम चीज बच्चों की कोमल आँखों को मानते हैं और उनके ही माध्यम से पेड़-पर्वत-नदी, चिड़ियों की भाषा को पढ़ते हैं और उनसे बतियाते हुए स्वयं से बातें करना सीखते हैं—"कृतज्ञ हूँ मैं/संसार की

सुन्दरतम चीज/बच्चों की कोमल आँखों का/जिनमें पेड़-पर्वत-नदी और चिड़ियों की भाषा/पढ़ पाया/और उनसे बतियाते हुए/सहज सीख गया/स्वयं से बातें करना।" वही, पृष्ठ 102)।

'अपने होने का एहसास' में जिन शब्दों का बार-बार प्रयोग हुआ है—वे हैं बच्चा, चिड़िया, आकाश और कविता। भौतिकता के अन्धड़ ने बच्चों का बचपन छीना है, उनकी मुस्कान छीनी है, उनकी मासूमियत और भोलापन छीना है—"चिड़ियों के कलरव से दूर/सुबह सूरज के क्षितिज से दूर/उपभोक्तावादी अंधड़ में/बच्चे उलझ गये हैं आज/कंक्रीट के/घने जंगल में।" इसीलिए कवि अपना 'सब कुछ' कविता के हाथों में सौंपकर बचाना चाहता है—"बच्चों की उन्मुक्त किलकारी/और दादी माँ के सपने/ वह बच्चों की उत्सव धर्मिता पर नजर गड़ाता है। धूप, धूल, कीचड़ और काई से खेलने वाले बच्चों का बिम्ब प्रस्तुत करता है। बार-बार फिसलती गेंद को पकड़ते हुए दो नन्हें हाथों का उल्लेख करता है। धरती पर दो नन्हें पाँव उसे ऐसा लगते हैं मानों कमल-पुष्प पर तथागत अपने सुकोमल पाँव रख रहे हों। स्कूल से घर लौटते बच्चों के अरमान धरती पर आकाश के तारे उगाने जैसे लगते हैं किन्तु उस समय कवि का दु:ख बहुत बढ़ जाता है जब हम ताजमहल के साए में तस्वीर उतार रहे होते हैं और बच्चे हमारे कीमती जूते सँभालने में लगे होते हैं, हम एक दिवसीय क्रिकेट मैच देख रहे होते हैं और बच्चे सड़क पर आइसक्रीम बेचने के धन्धे में लगे होते हैं, रेल के शयनयान में हम मूँगफली और नारंगी छिलते हुए बातों को छीलने में लगे होते हैं और बच्चे हमारे जूतों के पास फैले हुए मूँगफली और नारंगी के छिलके बुहार रहे होते हैं। कवि की संवेदना उन कारणों को तलाशती है कि क्यों कोई बच्चा वर्तमान से अनजान भविष्य से दूर, भूतकाल बनने के लिए विवश होता है तब उसे उसकी छीजती हुई जिन्दगी का मर्म समझ में आता है—'भूख के नाम/रोग के नाम/ खौफ के नाम/पल-पल वह/बलिदान हुआ।" इतना ही नहीं हृदयहीन हो गये समाज में वह लड़का रोज थोड़ा-थोड़ा मरता हुआ शहर-दर-शहर अपनी मासूमियत और खोई हुई कामनाएँ ढूँढ़ रहा है। अभाव, गरीबी, दुर्दशा और दुखों में पल रहे बच्चों के प्रति कवि के मन में अपार सहानुभूति है। वह उनकी दयनीयता से पीड़ित होता है, तिलमिलाता है, कुछ करने के लिए बेचैन होता है लेकिन कंक्रीट के घने भयावह जंगल में उलझे बच्चों के लिए जब वह कुछ कर नहीं पाता तब बच्चों की किलकारी के लिए समय की विसंगतियों और विडम्बनाओं की आग पीने से नहीं हिचकिचाता है—

"मैंने
पी ली है आग
और हृदय निचोड़कर-निकाला है
एक मुट्ठी बीज
बो दिया है
उसे अब
माँ की छाती पर
मौसम में आयेंगे
उन बीजों से
हजारों हजार फूल
फिर गूँज उठेगा
बच्चों की किलकारी से
सारा आकाश।" (वही, पृष्ठ 87)

वस्तुतः बच्चे, चिड़िया, तितली, धूप और उन्मुक्त आकाश कवि की संवेदना का सहज विस्तार करते हैं। कविताओं में इन शब्दों की अनगिनत भूमिकाएँ हैं और उनकी विशेषता यह कि उन सभी भूमिकाओं में नवीनता है—"ताजगी है-संवेदनाओं का विस्तार है। इनसे भी बड़ी बात यह हुई है कि कवि इस दुर्द्धर्ष समय में हृदयहीन होने से बच गया है—"कृतज्ञ हूँ मैं/इस घर में रोशनदान में/चिड़ियों की आवाजाही की/जिसने बचा लिया मुझे/इस दुर्द्धर्ष समय में/हृदयहीन होने से।" (वही, पृष्ठ 102)। चिड़िया को केन्द्र में रखकर लिखी गयी पन्त की कविता 'प्रथम रश्मि' अपने समय की बहुचर्चित एवं बहुप्रशंसित कविता होने के बावजूद उसमें कल्पना के अतिरेक के कारण जीवन-जगत का यथार्थ समाहित नहीं हो पाया है। वरुण कुमार तिवारी की 'जब चिड़िया' शीर्षक कविता की लोकोन्मुखी संवेदना यथार्थ परक है। चिड़िया के क्रिया-कलाप पृथ्वी के हर्ष-विषाद सुख-दुख से सन्दर्भित हैं—"जब चिड़िया/चहचहाती है/सुबह के उजास में/निरभ्र आकाश को निरखकर/खुल जाती हैं पृथ्वी की बन्द पलकें।" (वही, पृष्ठ 128)। इतना ही नहीं—"जब चिड़िया/बसेरे में लौटकर/चुगाती है/चोंच से चूजों को चारा/स्पंदित होता है/सारा अस्तित्व/और निहाल हो जाती है पृथ्वी।" (वही)। तब पृथ्वी के निहाल होने में जो बिम्ब उभरता है वह अपनी प्रभावात्मकता में अतुलनीय है। कवि ने चिड़ियों की उड़ान में नारी स्वतन्त्रता का अनुभावन किया है—

''मैंने उसे
विस्तृत नभ में उड़ते
चिड़ियों के बारे में
विस्तार से बताया
सहसा वह चहचहा उठी—
हाँ! हाँ! हाँ!'' (वही, पृष्ठ 123)

कवि संवेदनाओं के विस्तार का पक्षधर है—संकोच का नहीं। वह बार-बार आकाश पाने की कामना करता है। धरती पर तारों के उगाने का संकल्प व्यक्त करता है। यही कारण है कि उसे सिमटे-सिकुड़े लोग पसन्द नहीं हैं क्योंकि उनकी सोच का पोखर छोटा ही नहीं बड़ी ऊँची दीवारों से भी घिरा है—उतनी तक की सीमितता और क्रिया-कलाप ही उनका जीवन है—

''सिकुड़े हुए लोग
बना लेते हैं
अपनी सोच का
एक छोटा सा पोखर
और खींच देते हैं
चारों ओर
बड़ी ऊँची दीवार
उतने को ही वे
मान लेते हैं जीवन।'' (वही, पृष्ठ 127)

'क्षितिज पर एक पगडंडी' संचयन में शैलेन्द्र कुमार त्रिपाठी ने वरुण कुमार तिवारी के काव्य-संग्रह 'तीसरी दुनिया के लिए' से जिन बीस कविताओं का चयन किया है उनमें भावना-संवेदना के धरातल पर काफी वैविध्य है। उनमें युद्ध भी है, प्रेम भी। चिनगारी भी है, शान्ति की पहल भी। बारूदी सुरंग है तो छत पर चाँदनी में सोई लड़की भी है। भय, क्रोध और घृणा के मनोभाव भी कविता में अपनी उपस्थिति दर्ज करा सके हैं। दुःख और दुःख निवृत्ति कवि का मुख्य प्रयोजन है। अपने होने और न होने का जो द्वन्द्व कवि के इस संग्रह में मौजूद है उसी का परवर्ती विकास उसके दूसरे काव्य-संग्रह 'अपने होने का एहसास' में देखा जा सकता है। प्रेम के मसीहा के रूप में पाब्लो नेरूदा पर एक कविता है तो खाड़ी युद्ध-91 की विभीषिका पर भी एक कविता रची गई है। आँचल में दूध और आँखों में पानी भरकर अपनी अस्मिता के लिए तड़पने वाली स्त्री तिवारी की कविता की नायिका नहीं है

बल्कि ऐसी सशक्त और समर्थ स्त्री उनकी कविता का विषय बनी है जो क्षितिज के हर कोने में अपनी अस्मिता का झंडा गाड़ने के लिए तत्पर है—

"अब मैं
नहीं ढूँढूँगी कहीं
अपना नाम
बल्कि स्वयं मैं
छेनी और हथौड़े से
इन्द्रधनुषी रंगों में
अंकित कर दूँगी
क्षितिज के हर कोने में।
अपना नाम।" (वही, पृष्ठ 179)

जीवन-जगत में दु:ख-दरिद्रता, अभाव, बदनसीबी, शोषण आदि तभी तक हैं जब तक उनसे निपटने का, समाधान पाने का साहस, शौर्य, बुद्धि और विवेक का ताप नहीं है। अगर भीतर का प्रकाश ज्योतित हो जाय तो अँधेरे के बचे रहने का सवाल ही नहीं पैदा होगा। वरूण कुमार तिवारी अपनी कविताओं के माध्यम से वही आँच जलाना चाहते हैं। वे भरोसा दिलाना चाहते हैं कि—"जमाने भर का अँधेरा/तुम्हारा/कुछ नहीं बिगाड़ लेगा/तुम्हारे पास/एक जलती हुई बाती है।' ' (वही, पृष्ठ 149)। इसी अर्थ में वे आशा और उत्साह के कवि हैं। क्षितिज की पगडंडी पर उजास की कामना के कवि हैं।

मंगलेश डबराल : अनुभूति का यथार्थ और संघर्ष का ताप

मंगलेश डबराल के विचारों और संवेदनाओं के काव्यात्मक रूपांतरण में पहाड़ और मैदान की उपस्थिति इस बात का सबूत है कि वे अपनी जन्मभूमि के अनुभवों से जितना समृद्ध हैं उतना ही अपनी कर्मभूमि के व्यापक अनुभवों से भी। यद्यपि देश-विदेश की यात्राओं ने भी उनके अनुभव क्षितिज को विस्तार प्रदान किया है तथापि पहाड़ और मैदान ही उनकी काव्य-सर्जना के मूल उत्स हैं—"पहाड़ी गाँव के एक गहरे बीहड़ भूगोल से निकलकर दिल्ली आने के बाद मैंने जर्मन कवि-नाटककार बर्टोल्ट ब्रेश्ट की कविता पढ़ी थी 'पहाड़ों की यातनायें हमारे पीछे हैं/मैदानों की यातनायें हमारे आगे हैं।' शायद यही वह अनुभव था जो मेरे भीतर इतने समय से घुमड़ता था और जिसे मैं समझ या व्यक्त नहीं कर पाता था। तबसे मेरे पीछे पहाड़ों की यातनायें बढ़ती गई हैं और मैदानों काी यातनायें फैलती गयी हैं जिन्हें जब कभी मैं पहचान पाता हूँ तो एक नयी कविता बन जाती है।" (कवि ने कहा-मंगलेश डबराल-चुनी हुई कविताएँ, पृष्ठ संख्या 10)। जाहिर है कविता का जन्म ही करुणा और पीड़ा से हुआ है। मंगलेश डबराल को कभी पहाड़ का त्रासद जीवन व्यथित और पीड़ित करता रहा है तो कभी मैदान का जीवन दुःखानुभूति कराता रहा है। भूख, भय, शोषण, अव्यवस्था, अन्याय, अत्याचार और बलात्कार के कारुणिक प्रसंग दोनों जगह हैं। कवि ने 'चारों तरफ से आते शोकगीत' को सुना है। गरीब, बेबस, लाचार, उपेक्षित आदमी का करुण क्रन्दन सुना है। अपनी जड़ों से निर्मूल होते लोगों की विवशता देखी है। प्रकृति का प्रकोप और मनुष्य निर्मित भँवर जाल देखा है। मानवीयता का क्षरण और संवेदनशीलता का अभाव देखा है। इन्हीं से मंगलेश डबराल की काव्य-चेतना को पोषण और अभिव्यंजना का विडम्बनात्मक आयाम मिला है। तकलीफों की दुनिया में सुख और हँसी खोजने का साहस, ऊष्मा और ऊर्जा को बचाये रखने की ताकत मिली है—

"चाहे जैसी भी हवा हो
यहीं हमें जलानी है अपनी आग
जैसा भी वक्त हो
इसी में खोजनी है अपनी हँसी।"

(घर का रास्ता, पृष्ठ-29)

स्मृति और कल्पना कविता के दो महत्त्वपूर्ण आयाम हैं। स्मृति से शुरु होकर कविता कल्पना-पथ से आगे बढ़ती है। मंगलेश डबराल के यहाँ स्मृतियों का जो संसार है उसी के सहारे वे कल्पना का विधान रचते हैं। वे तो यह भी मानते हैं कि "स्मृति भी आखिरकार एक कल्पना है क्योंकि स्मृतियों का जीवन कल्पना से ही बना है।" पहाड़ की स्मृति ने मंगलेश की कई कविताओं को आकार दिया है। जिसमें पहाड़ी जीवन का यथार्थ है। उल्लास और उमंग की अपेक्षा भूख और भय का आधिक्य है। दुःख, दारिद्रय, अभाव तथा अकेलेपन का घटाटोप है। हाँफता आदमी है, भयभीत औरत है, मरने वाले की दर्दनाक चीख है। नदी है, झरना है, जंगल है। मंगलेश में जंगल की स्मृति बहुत भयावह और त्रासद है। लकड़ियों के गट्ठर के नीचे बेहोश पड़ी औरते हैं, असमय दफनाये जाते हुए बच्चे हैं, डरते-खाँसते, नंगे पैर चलते बूढ़े हैं जो अन्त में गायब हो जाते हैं और सबसे बड़ी विडम्बना यह कि जंगल में लगातार चलती कुल्हाड़ियाँ हैं। जंगल बचाने के लिए ही चिपको आन्दोलन चला था। कहना न होगा कि पहाड़ का हर आदमी जंगल के लहूलुहान होने पर अत्यन्त दुःखी होता है। जंगल में लगातार कुल्हाड़ियाँ चलने पर मंगलेश को लगता है कि जंगल में रक्त सोया है—

"जंगल में औरते हैं
लकड़ियों के गट्ठर के नीचे बेहोश
जंगल में बच्चे हैं
असमय दफनाये जाते हुए
जंगल में नंगे पैर चलते बूढ़े हैं
डरते-खाँसते अन्त में गायब हो जाते हुए
जंगल में लगातार कुल्हाड़ियाँ चल रही हैं
जंगल में सोया है रक्त।"

(कवि ने कहा, मंगलेश डबराल, पृष्ठ-35)

मंगलेश डबराल ने 'घर' को याद करते हुए पहाड़ी जीवन का जो चित्र खींचा है वह अत्यन्त संवेदनशील और करुणाजनित है। घर की काली काठ की दीवालों

पर साँप के निशान बने हैं। पीठ टिकाने के छाप हैं। उनमें इतनी दीमकें लगी हैं कि जब वे चलती हैं तब पूरा घर काँपता है। उस घर में एक काठ का सन्दूक है जो पुश्तैनी है और जिसके भीतर चीथड़ों और स्वप्नों का मिला-जुला अंधकार है। उसी घर में गिरते-पड़ते बड़े हुए कई बच्चों के तितर-बितर होकर नौकरी की तलाश में इधर-उधर जाने तथा उनकी मौत पर रोती स्त्रियों की आवाजें हैं। दिनभर लकड़ी ढोकर आग जलाती माँ है तथा डाकखाने में चिट्ठी का इन्तजार करते पिता हैं। थके हारे पिता का यह सोचना कि जब मैं नहीं रहूँगा तब इस घर का क्या होगा किसी को भी करुणार्द्र करने के लिए तो काफी है ही पहाड़ी जीवन की असहायता और विवशता का भी सूचक है—

''दिन-भर लकड़ी ढ़ोकर माँ आग जलाती है
पिता डाक खाने में चिटठी का इन्तजार करके
लौटते हैं हाथ-पाँव में
दर्द की शिकायत के साथ
रात में जब घर काँपता है
पिता सोचते हैं जब मैं नही हूँगा
क्या होगा इस घर का।"

(वही, पृष्ठ 19)

सुमित्रानन्दन पंत के यहाँ पहाड़ की जैसी छवियाँ हैं वैसी मंगलेश डबराल के यहाँ नहीं हैं। शुभ्र बर्फीली चोटियों पर पड़ने वाली अरुण रवि रश्मियों का आकर्षण मंगलेश को उतना नहीं बाँध पाता तो इसलिए कि उन्हें पहाड़ धूल और कंकड़ गिराने के साथ ही भूख का पहाड़ लगता है—"मैं एक पहाड़ का/वर्णन करना चाहता था/जिस पर चढ़ने की मैंने कोशिश की/जो लगातार गिराता था धूल और कंकड़/रहा होगा वह भूख का पहाड़।" समय के बदलाव के साथ बहुत कुछ बदलता है। कवि को लगता है कि पहाड़ी जीवन की वास्तविकता बदल रही है। जीने के साजो-सामान की उपलब्धता में सहजता नहीं रह गई है—"यह जमीन हर साल/और कठोर होती जाती है/पेड़ हर साल कुछ कम फल देते हैं/बच्चे दिखते हैं और भी दुबले/उनके माँ-बाप कुछ और कातर/मौसम बदल रहा है/रात किसी जानवर की तरह/गाँव को दबोचे हुए है/और सामने नंगे पहाड़ पर चाँद चमक रहा है।" एक ओर अभाव तथा कठिनाइयों का पहाड़ है जबकि दूर क्षितिज पर चाँद अपनी शोभा बिखेर रहा है। मंगलेश जनवादी कवि हैं। उनकी विचारधारा में भूख की समाप्ति का सौन्दर्य चाँद की सुन्दरता से कहीं अधिक मनोहारी है। उनकी एक महत्त्वपूर्ण कविता है—

'सबसे अच्छी तारीख'। इसमें उन्होंने यह दर्शाया है कि वर्ष की गठरी में असंख्य तारीखें हैं। जिनमें कुछ तारीखें चिल्लाती हैं भूख' और कुछ 'तारीखें माँगती हैं नयाय'। निर्जन तारीखें, उदास और खोखली तारीखें तथा 'नदी के किनारों पर झाग की तरह टूटी हुई तारीखें सामान्य जन का दु:ख दर्द बताती हैं। मंगलेश के मन में सभी को भूख, भय और अत्याचार से मुक्ति दिलाने की अभिलाषा है इसलिए ये तारीखें उन्हें अच्छी नहीं लगतीं। उनकी दृष्टि में—

''सबसे अच्छी तारीख है वह
जिस पर टँगे रहते हैं घर भर के
धुले कपड़े जिसमें फैली होती है
भोजन की गर्म खुशबू जिसमें फल पकते हैं
जिसमें रखी होती हैं, चिट्ठियाँ और यात्राएँ
सबसे अच्छी तारीख है वह
जिसमें बर्फ गिरती है और आग जलती है।''

(कवि ने कहा, मंगलेश डबराल, पृष्ठ-22)

पहाड़ी जीवन की दुर्दशा किसी से छिपी नहीं है। यहाँ वर्ष पर्यन्त काम नहीं मिलता। 'सीजन' में यत्किंचित मिल जाता है उसी से गुजर-बसर करना पड़ता है। जीवन में उदासी और कठिनाइयाँ कम होने का नाम नहीं लेतीं। मंगलेश बर्फ की तरह जमती नि:स्वप्न आँखों तथा अकाल में बटोरे गये दानों जैसे शब्दों के माध्यम से पहाड़ी जीवन की भयावह यथार्थ स्थिति का जो बिम्ब प्रस्तुत करते हैं वह अपनी कलात्मकता में बेजोड़ तो है ही भूख और लाचारी को बहुत प्रभावशाली ढंग से व्यंजित करने में भी सफल है—

वह पहाड़ दु:ख की तरह टूटता आता है हर साल
सारे वर्ष, सारी सदियाँ
बर्फ की तरह जमती जाती हैं नि: स्वप्न आँखों में
तुम्हारी आत्मा में
चूल्हों के पास पारिवारिक अंधकार में
बिखरे हैं तुम्हारे लाचार शब्द
अकाल में बटोरे गये दानों जैसे शब्द।''

(पहाड़ पर लालटेन, पृष्ठ 60)

मंगलेश डबराल ने 'बच्चा' कविता में अपने बचपन को याद किया है। अकेले में रोने वाला बचपन, पत्थर पर गिरकर घर की ओर भागनेवाला बचपन, अलग-अलग

चीजों का अलग-अलग स्वाद महसूस करने वाला बचपन, बच्चों से घिरा बचपन, खेल-कूद वाला बचपन। 'खिड़की' कविता में बचपन में सूखते कपड़ों की, पिता की चिट्ठी की, धूप में फैली माँ की हँसी की और युवा मित्रों की याद है। हँसने वाली जवानी में दुख और अभाव से ग्रस्त माता-पिता का क्रन्दन भी कवि को सुनायी दिया था—"उसे याद नहीं कितनी बार/सपनों की जगह जली हुई जमीन थी/जहाँ कभी-कभी सुन पड़ती थी/उसके माँ-बाप के रोने की आवाज।" (वही, पृष्ठ 20)

विस्थापन की पीड़ा जनित अनुभवों ने मंगलेश की कविताओं को काफी धारदार बनाया है। विस्थापन वस्तुतः विवशता का प्रतिफल है। पंकज चतुर्वेदी का मानना है—"एक स्तर पर उनकी समूची काव्ययात्रा 'विस्थापन के अर्थ' की तलाश है और 'दुनिया को बदलने के पुराने अनिवार्य और असम्भव काम' से बाबस्ता है।" (मंगलेश डबराल-प्रतिनिधि कविताएँ, पृष्ठ 07)। वर्तमान जीवन-जगत की सबसे बड़ी समस्या—'घर के उजड़ने की समस्या है। अपनी 'पहाड़' कविता में मंगलेश डबराल का कहना है कि हमारे रहने या नहीं रहने से पहाड़ की सेहत पर कोई असर नहीं पड़ता है। हम नहीं रहें तब भी वे रहते हैं—"पहाड़ तब भी हैं जब तुम नहीं हो।" किन्तु वहाँ घर का रहना, नहीं रहना परिस्थितियों पर निर्भर करता है। परिस्थितियाँ अनुकूल रहने पर कौन अपने घर से विस्थापित होना चाहेगा?—परछाई', 'मकान', 'अकेला आदमी', 'स्त्री', 'थकान', 'दु:स्वप्न', 'चिड़िया' आदि कविताएँ जिन दु:खों का संकेत करती हैं उन्हें मंगलेश ने भारी मन से ही लिखा होगा। पहाड़ के लोग मैदान की ओर जाने के लिए विवश होते हैं। गाँव के लोग रोजी रोटी की तलाश में शहर की ओर भागते हैं। यह बात अलग है कि शहर का अपना अलग ही किस्सा है जिसे मंगलेश डबराल अपनी 'आखिरी वारदात' कविता में प्रस्तुत करते हैं। इसमें शहर की आपाधापी, भागमभाग, गलाकाट प्रतिद्वन्द्विता, दिन की चमक में भी शहर के बीचों बीच की धुंध, नीरसता, एकाकीपन आदि का वर्णन मुक्तिबोध की फैन्टेसी शैली की याद दिला देता है—

"जीभ लपलपाते दिन
मेरे सर से चले जाते हैं
और धूप मुझे कुछ और मूर्ख बनाकर
छोड़ देती है शहर के बीचो बीच
एक अजीब सी धुंध में
चौंककर मैं आँखें साफ करता हूँ
शहर एक स्थायी बाढ़ में बहता चला जाता है

मुझे लकड़ी या पत्थर की तरह
किनारे फेंकता हुआ।''

(कवि ने कहा, मंगलेश डबराल, पृष्ठ 23)

'जीभ लपलपाते दिन' और 'शहर का स्थायी बाढ़ में बहना' जीवन की आपाधापी और भीड़तन्त्र को उजागर करता है। 'अश्लील घरघराहट' और 'चेहरे पर उभरती इच्छाओं के सींग' उन तमाम वारदातों के सूचक हैं जो शहरी जीवन की अनिवार्य पहचान हैं। इसी शहर की आपाधापी में 'अँधेरे में फूले पेट की औरत' भी है जिसके तीन बच्चे आपस में पिटने के लिए विवश हैं—"शहर में धूल जम रही है/लोग एक-दूसरे को धक्का देते/और आगे खिसक लेते हैं/अँधेरे में फूले पेट की एक औरत उँघती है/उसके तीन मरियल बच्चे/आपस में पिटते हैं।" (वही, पृष्ठ 24)। इसी शहर को देखने कवि जाता है और वह भी उसी का होकर रह जाता है -

''मैंने शहर को देखा और मैं मुस्कराया
वहाँ कोई कैसे रह सकता है
यह जानने मैं गया
और वापस न आया।'' (वही, पृष्ठ 26)

मंगलेश डबराल की कविता में सन्नाटा और अकेलापन बहुत है। एक ओर जहाँ इतनी भीड़ है कि आदमी-एक दूसरे को ठेलता हुआ चल रहा है वहीं दूसरी ओर आदमी अकेलेपन से जूझने के लिए विवश है। कवि का यह भोगा हुआ यथार्थ है जिसे स्वीकारता हुआ वह कहता है—"मैंने हिन्दी कवि का वह अकेलापन भी देखा है जो लिखने के शांत क्षणों में तो सुखद हो सकता है, लेकिन उससे बाहर सामाजिक समय में बहुत डरावना है।" (वही, पृष्ठ 11) अकेले आदमी की नियति का चित्रण करने वाली मंगलेश की निम्नलिखित काव्य-पंक्तियाँ वर्तमान जीवन की भयावहता को उजागर करती हैं—

''अकेला छोड़ दो मुझे हर बार, अकेला आदमी
चिल्लाता है एक गहरी रात में
संसार को अपने रक्त में अस्त होते देखता
अकेला आदमी बुद बुदाता है अपनी आखिरी थकान
अपनी छत पर अपने क्रोध में टहलते हुए
हाँफते पैंट कसते बार-बार गले से
एक अश्लील घर घराहट सुनते हुए अकेला आदमी हो चुका है
बिना कुछ किये होते रहने से परेशान।''

महानगरीय बोध और उसकी विडम्बनायें मंगलेश की कई कविताओं के विषय हैं। 'शहर के एकालाप' में वर्गगत भिन्नता और तज्जनित यातना, पीड़ा तथा जीवन स्तर के वैषम्य की अत्यन्त मार्मिक अभिव्यक्ति है। 'शहर' कविता में वर्गगत विषमता तो है ही महानगर की वीभत्सता और कुरुपता भी उद्घाटित है—

"आधा शहर नाक पर रूमाल रखकर पार करना पड़ता है
आधा शहर कम से कम कपड़ों में आपका स्वागत करता है
आधा शहर खानपान आधा शहर गहरा नाबदान है
आधा शहर धमनियों में दौड़ती हुई शराब है
आधा शहर थूक, बलगम और पेशाब है।"

(नये युग में शत्रु, पृष्ठ 63)

'घर का रास्ता' मंगलेश का महत्त्वपूर्ण कविता-संग्रह है। इसका शीर्षक इस बात का संकेतक है कि कवि को अपने घर और घर के रास्ते की याद है और उसे वह विस्मृत भी नहीं करना चाहता—"मैं भूल नहीं जाना चाहता था अपने घर का रास्ता।" (कवि ने कहा-मंगलेश डबराल, पृष्ठ 63)। अनेक कठिनाइयों, असफलताओं और उदासियों के बावजूद कवि का घर का रास्ता नहीं भूलना उसके मानवीय सरोकारों को दर्शाता है। मनुष्य कहीं भी रहे उसे अपने घर की याद आती ही है भले ही वह घर छोड़कर भागा हो। चाहे परिस्थितियों ने उसे लापता कर दिया हो। परदेश में अपनी चोटों के निशान देखता, गुस्से में रोटी खाता लड़का नाज रखता है अपने घर पर तभी तो वह कहता है कि मैं अपने घर चला जाऊँगा—"मैं एक लापता लड़के का/ब्योरा देना चाहता था/जो कहीं गुस्से से खाता होगा रोटी/देखता होगा अपनी चोटों के निशान/अपने को कोसता/कहता हुआ चला जाऊँगा घर।" (वही)।

मंगलेश डबराल की कविता में स्त्री की उपस्थिति कई रूपों में है। संघर्षशील स्त्री उनकी कविता में बार-बार आती है। वह माँ भी हो सकती है, पत्नी और प्रेमिका भी। स्त्री और प्रेम को लेकर मंगलेश ने अनेक कवितायें लिखी हैं। जिनका कथ्य और विन्यास उनके समकालीन कवियों से अलग और अनूठा है। 'गाथा' कविता में सघन ऐन्द्रियता और संघर्षशीलता का मिला-जुला रूप सहज आकृष्ट करता है—"इसी तरह मैं लौटता हूँ तुम्हारी देह में/तुम्हारे रक्त में रोशनी की तरह घूमता हुआ/वर्षों की स्याह घाटियों से उभरकर/मैं तुम्हारी आत्मा की निश्चेष्ट झील में/उतरता हूँ एक बनैले पशु की तरह/इन यात्राओं में मिलते जाते हैं/रौंदे हुए दलदल, गूँजती गुफाएँ/और तुम्हारे शरीर में सोई हुई शताब्दियाँ/जो छूते ही फुफकारती उठ खड़ी होती हैं।" मंगलेश डबराल की प्रेम करती स्त्री अपनी सहजता और मासूमियत

के कारण यह भी नहीं जान पाती कि वह ठगी जा रही है। उसका सहज भोलापन यह समझने में असमर्थ रहता है कि उसे कौन ठग रहा है, कौन खलनायक है? वह अपने निश्छल दीवानेपन में शहर की विसंगतियों से अनजान उसमें रह लेने के लिए भी तैयार हो जाती है—

''प्रेम करती स्त्री
ठगी जाती है रोज़
उसे पता नहीं चलता बाहर क्या हो रहा है
कौन ठग रहा है कौन है खलनायक
पता नहीं चलता कहाँ से शुरु हुई कहानी
दुनिया को समझती है वह,
गोद में बैठा हुआ बच्चा
निकल जाती है अकेली सड़क पर
देखती है कितना बड़ा फैला शहर
सोचती है मैं रह लूँगी यहाँ कहीं।''

(घर का रास्ता, पृष्ठ 15)

'कॉलगर्ल' कविता पुरुषों की भोगवादी दृष्टि और स्त्री की विवशता की कहानी है। पुरुष समाज स्त्रियों को कॉलगर्ल बनाता है, उकना शोषण करता है और फिर उन्हें बदनाम भी करता है। वे हमेशा अकेले नहीं समूह में पकड़ी जाती हैं। वे किसी बँगले या शानदार फ्लैट से सामान की तरह निकाली जाती हुई टीवी या अखबार में एक झलक दिखने के बाद लापता हो जाती हैं। कवि उनका चेहरा देखना चाहता है लेकिन वे विवशता में अपना चेहरा छिपाती हैं—"मैं देखना चाहता था एक बार उनमें से किसी का चेहरा/जो विवश होकर अपने चेहरों को अपनी चुन्नियों में छिपा लेती हैं।" (कवि ने कहा-मंगलेश डबराल, पृष्ठ 131)। कवि को एक भी साक्षात् कॉलगर्ल नहीं दिखाई देती लेकिन स्त्रियों के शत्रु समाज को दिख ही जाती कोई कॉलगर्ल—

अपने लिए ढूँढता ही रहता है एक न एक कॉलगर्ल
अक्सर दिखते हैं लम्बी-चौड़ी कारों में घूमते सम्पन्न शोहदे
लड़कियों में कॉलगर्ल होने की सम्भावना खोजते हुए
शायद उनके अभियान सफल रहते होंगे
उनका उपभोग करने के बाद अपने लिए बेकार जानकर
वे उन्हें पुलिस के हाथों सौंप देते होंगे

और खुद सुर्खियों में आने से पहले ही
गाड़ियों में चंपत हो जाते होंगे नयी शिकारगाहों की ओर।''

(वही, पृष्ठ 131)

स्त्रियों के प्रति मंगलेश डबराल के मन में बहुत आदर और श्रद्धा का भाव है। उनके लिए स्त्री प्रेम की मूर्ति है। कोमलता और करुणा की कहानी है। त्याग, बलिदान और समर्पण की देवी है। देह-क्रान्ति की योद्धा, तथाकथित बोल्ड कही जाने वाली उच्च वर्ग की मौज-मस्ती करती स्त्री उनकी सहानुभूति और सम्मान का पात्र नहीं है। उन्हें वह स्त्री भी पसन्द नहीं है जो पुरुष की पिछलगू बनी रहे—

''एक आदमी के पीछे
चुपचाप एक स्त्री चलती है
उनके पैरों के निशान पर
अपने पैर रखती हुई
रास्ते भर नहीं उठाती निगाह

(पहाड़ पर लालटेन, पृष्ठ)

बाजारवाद स्त्री को 'पण्य' अथवा 'वस्तु' बनाने की लगातार कोशिश कर रहा है। वह यह मानकर चल रहा है कि दूसरों को आकर्षित करना, रिझाना स्त्रियों का गुण है। यह गुण जिनमें हैं वे बाजार के लिए हैं और बाजार उनके लिए है। बाजार यानी खरीद-बिक्री। जो जितना खरीद और बेच सके वह उतना ही महत्त्वपूर्ण है। विज्ञापन अथवा मॉडलिंग करती लड़कियाँ बाजार की आवश्यक किरदार हैं। उनकी अपनी कोई स्वायत्तता नहीं है। यन्त्र की तरह उन्हें बाजार की आज्ञा का पालन करते रहना है। ग्राहकों के सामने मुस्कराना है। मुस्कराना कोई उल्लास की अभिव्यक्ति नहीं बाजार प्रदत्त काम है। जो चूक गया वह बाजार के काम का नहीं रहा। मंगलेश डबराल ने बहुत दुःखी मन से इस यथार्थ का वर्णन किया है—

''आलीशान दूकान में सामान बेचती
एक दुबली सी लड़की
जो कुछ सोचती हुई-सी बैठी थी
एक दिन एक ग्राहक के सामने मुस्कराना भूल गई
शाम को उसे नौकरी से अलग कर दिया गया।''

(हम जो देखते हैं, पृष्ठ -76)

मंगलेश डबराल ने पैदल स्कूल जाते बच्चों की मन:स्थिति का यथार्थ अंकन 'पैदल बच्चे स्कूल' कविता में किया है। बेचारे बच्चे घर से जल्दी निकलते हैं लेकिन अक्सर देर से पहुँचते हैं। रास्ते में पोशाक गन्दी हो जाने के कारण वे आँखें नीची कर कतार में खड़े होते हैं। रोजाना ऊबड़-खाबड़ रास्ता पार करते हुए आने-जाने वालों से वे समय पूछते हैं। बारिश में भी स्कूल पहुँच जाते हैं। यह देखने के लिए कि वह खुला है अथवा बन्द है। ऐसे भोले-भाले बच्चों को जूते पहनकर स्कूल आने के लिए कहा जाता है लेकिन उनके पास जूते नहीं हैं कि वे पहन सकें। इसके लिए उन्हें बेतों से पीटा जाता है। उनकी गरीबी, अभाव और वेदना की बड़ी ही कारुणिक अभिव्यक्ति यहाँ द्रष्टव्य है—

"कई बार उन्हें हिदायत दी गई है
जूते पहनकर आने की
हाथ-पैर के नाखून कलात्मक काटने की
कई बार पड़ी हैं बेंत
और कहा गया है कि हम तुम्हें नहीं ले जायेंगे
महापुरुषों की अगवानी में।"

(कवि ने कहा-मंगलेश डबराल, पृष्ठ 51)

दु:ख, दारिद्रय, अभाव, विषमता से साक्षात्कार और संघर्ष मंगलेश की कविता का स्वभाव है। वह विरोधों, कठिनाइयों और संकटों से पलायन नहीं बल्कि जूझने का साहस रखती है। उसका विश्वास है कि भूख मनुष्य को क्रियाशील बनाती है और यदि वह स्थायी हो जाये तो मनुष्य क्रान्तिकारी बनता है। दुनिया में जिन्दा रहने के लिए पत्ते की कोमलता ही नहीं ठूँठ की कठोरता भी अपेक्षित है।

आदित्य प्रचण्डिया : वैचारिक ऊष्मा और सघन संवेदना

डॉ. आदित्य प्रचण्डिया की छवि एक समालोचक की है किन्तु उन्होंने कविता, कहानी, उपन्यास और लघुकथा के क्षेत्र में भी अपनी सर्जनात्मक प्रतिभा का विस्तार किया है। नामवर आलोचकों की भाँति उनकी साहित्यिकता का प्रस्फुटन भी कविता से ही हुआ था लेकिन उन्होंने उनकी तरह काव्य-सर्जना से विमुखता नहीं दिखाई बल्कि आलोचना जगत में प्रतिष्ठित होने के बाद भी वे कवितायें लिखते रहे जिसका परिणाम उनके दो काव्य-संग्रह हैं—'खिली धूप' और 'कितने रूप कितने रंग'। खिली धूप' की कवितायें जहाँ वैचारिक ऊष्मा से दीप्तिमान हैं वहीं 'कितने रूप कितने रंग' की कविताओं में सघन संवेदना की विद्यमानता है। वैचारिक कविता पाठक को भाव-प्रवाह में डुबोने की अपेक्षा चिन्तन और तर्क की दुनिया में ले जाती है जबकि संवेदना प्रधान कविता सहृदयता का संसार सजाती है। डॉ. आदित्य प्रचण्डिया की कविताएँ जब अपने समय और समाज से मुठभेड़ करती हैं तब उनमें तार्किकता के लिए स्थान स्वतः बनता चला जाता है। बुद्धि-विलास की छटा अपने आप झलकने लगती है लेकिन जब वे सहज-सरल गति से सहानुभूति और सौहार्द्र के पथ पर अग्रसर निष्कर्षात्मक मुद्रा में होती हैं तब उनमें विद्यमान संवेदना मानवता के पाट को और अधिक चौड़ा करती चलती है। कविता जब विसंगतियों और विडम्बनाओं से पूर्ण जीवन और समाज को यान्त्रिकता, कृत्रिमता, अनास्था, अविवेक, अन्याय, अत्याचार से मुक्ति दिलाने हेतु छटपटाती प्रतीत होती है तब वह मनुष्यता के पक्ष में खड़ी हुई दिखाई देती है। उसी अवस्था में कवि जब यह स्वीकारने लगता है कि—"मैं मानवीय मूल्यों और प्रबल नैतिकताओं का पक्षधर रहा हूँ। इसलिए आधुनिक जीवन-शैली में घुस आई वीभत्सता, कुरुपता से चिन्तित रहते हुए तीज-त्यौहार, पूजा-उपासना में प्रवेश पा गई प्रवंचना पर तिलमिला उठता हूँ।" (स्वकीय, कितने रूप कितने रंग, पृष्ठ 8) तब वह कविता की उसी मानवीय पक्षधरता का गान करता हुआ सा प्रतीत होता है। यह विचार और संवेदना के तादात्म्यीकरण की अवस्था है। प्रचण्डिया की कवितायें उसी अवस्था की उपज हैं।

आधुनिक कविता अँधेरे के घटाटोप से भरी पड़ी है तो वह अकारण नहीं है। जीवन में व्याप्त निराशा, उदासी, ऊब, घुटन-टूटन, भय, संत्रास, पीड़ा, अन्याय, अत्याचार आदि की अभिव्यक्ति जितनी इस कालखण्ड की कविता में हुई है उतनी अन्य कालखण्ड में दृष्टिगत नहीं होती। अँधेरे की अभिव्यक्ति के बड़े कवि मुक्ति बोध हैं। अन्य कवियों के यहाँ भी अन्धेरा पसरा पड़ा है। भला आदित्य प्रचण्डिया पीछे कैसे रहते? उनकी कविता में भी तम ही तम दिखाई देता है जिसके कारण उन्हें सूरज उदास दिखाई देता है—"धरा पर/भरा तम/देख यह/सूरज उदास है।" (वही, पृष्ठ 22)। इसी संग्रह की 'हार' कविता में भी सूरज हारता हुआ वर्णित है—"अपनी किरणों को फैला-फैलाकर/सूरज आज दाँव हार गया।" (वही, पृष्ठ 68)। आदित्य प्रचण्डिया की कविता में अँधेरे की जीत और प्रकाश की हार वस्तुतः व्यक्ति मन की आस्था, आशा और उत्साह की हार है जो परिस्थितिजन्य है। विषम परिस्थितियों में निराशा, भय और कायरता का आ जाना अस्वाभाविक नहीं है। निरन्तर बदलते सामाजिक ताने-बाने, राजनैतिक उठा-पटक और विश्व बाजार के दबावों ने मानव को भीतर से खोखला कर दिया है। परस्पर सौहार्द्र, भातृत्व एवं स्नेह-सम्बन्धों में आत्मीयता का अभाव मनुष्य की स्वार्थ वृत्ति की उपज हैं। इसका परिणाम प्रचण्डिया जी इस रूप में देखते हैं—"भीगे नयन/बुझते सुमन/उर में अगन/नेह, न, लगन/न कोई आस है।" वही, पृष्ठ 22)। वे जन-मन पर घिरे अविश्वास तथा भीतर-बाहर के संघर्ष और विद्वेष की भावना को इन्हीं से उत्पन्न हुआ मानते हैं—"छिड़ा युद्ध/घर बाहर/छाया विद्वेष/जन-मन पर/घिरा अविश्वास है।" (वही)। जाहिर है कोई भी कवि अँधेरे का महिमा मण्डन नहीं करता। वह उसके प्रकटीकरण के माध्यम से प्रकाश की कामना करता है। आदित्य प्रचण्डिया जी की भी यही अभिलाषा है—"हर अँधेरे को/चाहिए दीप्त प्रकाश/जीवन नहीं अभिशाप/वह तो है वरदान/बस पाने के लिए/चाहिए आत्म विश्वास।" (वही, पृष्ठ 69)। इसी अर्थ में वे खिली धूप की आकांक्षा के कवि हैं।

'खिली धूप' के कवि को जीवन-जगत का व्यापक अनुभव है। इसीलिए वह अपने इस काव्य-संग्रह को 'जीवन-जगत का अनुभव कोश' सम्बोधित करता है। यों भी कोई कविता जीवन के सागर में गहरायी तक धँसे बिना सम्भव नहीं हो पाती। डॉ. प्रचण्डिया तटस्थ जीवन-द्रष्टा नहीं हैं। वे उसके साथ बहते हैं। चट्टानों से जूझते हैं। विपरीतताओं में धारा के साथ रहते हैं किन्तु लक्ष्य कभी ओझल नहीं होने देते। इन्हीं अनुभूतियों से सम्पन्न कवितायें दुख से लड़ने की ताकत देती हैं और सुख के सपने सजोने की जिजीविषा। जीवन में आगंत झंझा-प्रभंजन से कवि

विचलित नहीं है। वह विपत्तियों/संकटों को मानव की सार्थकता का हेतु मानता है—"कहा मनुज ने/विपत्ति से/पीछे मेरे आप/पड़ी रहती क्यों? /विनय से/विपत्ति बोली-/बन्धु/आपकी उत्पत्ति की सार्थकता हेतु।" (खिली धूप)। 'कितने रूप कितने रंग' संग्रह की 'लगाम' कविता में जिन्दगी से थका-हारा गरीब मंदिर में पहुँच जब प्रभु की मूर्ति के समक्ष अपना माथा झुकाता है तभी घनी पीड़ा के दो आँसू लुढ़कते हुए उसे दिखाई देते हैं और वह आश्चर्य में पड़कर ईश्वर से पूछ बैठता है—"दर्द आपको किस बात का?" सिसकियाँ भरते/प्रभु बोले—"भक्त/पूछो मत/दर्द मुझे/इस बात का/लगाम मेरी अब/इंसान के हाथ।" (पृष्ठ सं. 63)। इन दोनों कविताओं में दुख है और दुख के कारणों के प्रति जिज्ञासा भाव है। एक में विपत्ति से प्रश्न है तो दूसरी में सीधे भगवान से पूछा गया है। इन दोनों में दुख का सम्बन्ध मनुष्य से है और वही इससे मुक्ति का उपाय ढूँढ सकता है। मनुष्य जिधर चरण रख दे उधर ही मार्ग बन जाता है। हाथ की लकीरों में भाग्य की निशानी देखने वाला दुख-मुक्ति की राह में आगे नहीं बढ़ सकता। आदित्य प्रचण्डिया का मानना है कि कर्मशील व्यक्ति अपना भाग्य स्वयं गढ़ते हैं—

''यौवन मेरा
धधकता अंगारा
ताकत है मुझमें
श्रम का हूँ सितारा
किस्मत का दास नहीं
भविष्य पर विश्वास नहीं
हाथ ये उठ जाते जिधर
भाग्य वे गढ़ जाते उधर।''

(कितने रूप कितने रंग, पृष्ठ 87)

डॉ. आदित्य प्रचण्डिया संघर्ष और जिजीविषा के कवि हैं। संघर्षशीलता एक साहसिक वृत्ति है। जिसमें साहस और पौरुष का अभाव होगा वह संघर्ष के पथ पर आगे नहीं बढ़ सकता। छोटी-छोटी समस्याओं/कठिनाइयों से भयभीत, दुखी और कातर होने वाले जय-यात्रा पर नहीं निकल सकते। प्रचण्डिया जी ऐसे लोगों में यौवन का अभाव देखते हैं—"नन्ही सी दूब/पैरों में चुभी/तुम चीख उठे/ज़रा सा टुकड़ा काँच का/अंगुली से चिपका/तुम रो पड़े/लघु अंश हिम का/पीठ पर गिरा/तुम दब गये..... अन्तिम साँसे यौवन गिन रहा।" (वही, पृ. 66)। 'खिली धूप' काव्य-संग्रह में डॉ. प्रचण्डिया ने जीवन बोध उपस्थित करने के क्रम में शैशव, यौवन और वृद्धापन को

दूध के उपमान से उपमित किया है—"दूध/पीने की अभिलाषा/उबालने की प्रक्रिया/फिर/उसका बिखरना/जीवन के हैं ये तीन पहलू/बचपन, जवानी और बुढ़ापा।" (पृष्ठ सं. 25)। किसी एक अन्य कवि ने भी दूध, दही, घी के उपमान से शैशव, यौवन तथा बुढ़ापे को इस प्रकार व्यक्त किया है—"शिशु पय, बचपन है दही, यौवन घी का नाम/और बुढ़ापा छाछ है, आगे जय श्री राम।" जीवन ऐसा अमृत है जिसे पीकर अमर हुआ जा सकता है और ऐसा विष है जिसे निगलकर नीलकंठ बना जा सकता है। जीवन में बसन्त भी है और पतझड़ भी। यौवन बसन्त है और बुढ़ापा पतझड़। बसन्त तो आता रहेगा लेकिन यौवन वापस नहीं आ सकता-यह जीवन की सबसे बड़ी विडम्बना है—"एक वृद्ध ने/कहा वृक्ष से-/वाह रे पतझड़/यह क्या?/फल -फूल पल्लव नहीं/नग्न शाखों की/यह कैसी शोभा? वृद्ध की झुर्रियाँ देख/खिलखिला उठा वृक्ष/आयेगा फिर बसन्त/यौवन कभी नहीं।" (खिली धूप, पृष्ठ 29)। इसीलिए प्रचण्डिया जी शोणित में ऊष्मा और नस-नस में जोश युक्त यौवन की आकांक्षा के कवि हैं। इसके बिना वे जीवन को मिट्टी समान मानते हैं—"मिट्टी सम जीने में/मिलता न आत्मतोष।" (कितने रूप कितने रंग, पृष्ठ 87)।

'खिली धूप' की कवितायें लध्वाकारीय हैं और मुक्त छंद में लिखित हैं जबकि 'कितने रूप कितने रंग' में यथानाम तथा गुण के अनुरूप भाव, भाषा और शिल्प का वैविध्य है। जीवन की पहेली सुलझाने का प्रयत्न दोनों संग्रहों में है। 'अस्तित्व' सभी तत्वज्ञानियों की चिन्ता और जिज्ञासा का विषय रहा है। 'मैं कौन हूँ', 'मेरे भीतर का प्रकाश कहाँ से ऊर्जस्वित होता है' आदि अनेक जिज्ञासायें भारतीय मनीषा को आकुल-व्याकुल करती रही हैं। डॉ. आदित्य प्रचण्डिया भी 'अस्तित्व और प्रकाश' को अपने ढंग से समझने बूझने की कोशिश करते हैं—"भाव श्रद्धा का/सदैव उमगा करता/अस्तित्व के प्रति/अन्तस में मेरे /क्योंकि/उनसे/मिला मुझे प्रकाश, विश्वास, श्वास/मैं हूँ उपासक/श्वास का/वह मुझे विश्वास देता/उसमें से/प्रकाश फूटता/और अस्तित्व से/साक्षात्कार होता है।" (खिली धूप, पृष्ठ 68)। 'कितने रूप कितने रंग' की 'आत्मतोष' कविता में भी विश्वास और प्रकाश को लगभग इसी तरह वर्णित किया गया है—

''जीवन में मेरे
अचल-अमर विश्वास भरा
साँसों में मेरी
इक नूतन उत्साह भरा

शिराओं में दिनकर-सा
उद्दीप्त ओज।" (पृष्ठ सं. 86)

'कितने रूप कितने रंग' की कविताओं में विश्वास की अपेक्षा कवि को अधिक है। लगता है कि उसे जीवन में अविश्वास अधिक मिला है। वैसे भी भूमंडलीकरण और बाजारवाद के इस युग में 'भरोसा' शब्द के प्रति लोगों की धारणा बदली है। भरोसा खत्म होना मनुष्यता के लिए सबसे घातक बात है। आज पारिवारिक सम्बन्धों के निर्वहन में जो कठिनाई आ रही है उसके मूल में 'भरोसे' का उठ जाना ही है। पिता-पुत्र में बढ़ती दूरियाँ, पति-पत्नी में तलाक की स्थितियाँ, पडोसी के साथ घटती नजदीकियाँ आदि परस्पर भरोसे के उठने के ही परिणाम हैं। आदमी अपने हृदय की बात भी खुलकर कहने में संकोच कर रहा है। तभी आदित्य प्रचण्डिया को कहना पड़ता है—"दर्द दिल का/कहें वहाँ/विश्वास हो जहाँ।" (कितने रूप कितने रंग, पृष्ठ 69)। कवि ने उन कारणों की पड़ताल भी की है जो दिल से दिल नहीं मिलने में बाधक हैं—

"घुटन, आक्रोश
घृणा, उत्ताप
ईर्ष्या की लपटें-विचारों को
न जलने देती
न जीने देती
हृदय को हृदय से
न मिलने देती। (वही, पृष्ठ 65)

कविता सामाजिक वस्तु है। भले ही उसका जन्म स्वान्तःसुखाय की परिणति क्यों न हो? डॉ. प्रचण्डिया व्यष्टि निष्ठ नहीं हैं। उनकी कवितायें समय और समाज की गहन पड़ताल की उपज हैं। आज समाज में अनेक विकृतियाँ पैदा हो गई हैं। सम्बन्धों में आत्मीयता का अभाव दिखाई दे रहा है तो उसका कारण स्वार्थ की बढ़ती प्रवृत्ति है जिससे कवि का दुखी होना स्वाभाविक है—"सगे सम्बन्धी/आज बेगाने/हो गये/नाते रिश्ते/सब बेमाने/हो गये/स्वास्थ ही अब/सम्बन्धों के पैमाने/हो गये।" (कितने रूप कितने रंग, पृष्ठ 57)। आदित्य प्रचण्डिया एक ऐसे कवि हैं जिनकी कामना ऐसे समाज की स्थापना की है जिसमें न दुःख हो न द्वन्द्व, न निराशा न हताशा, न रोग न शोक, न लोभ न मोह न कायरता न भय बल्कि ऐसा समाज जिसमें सुख हो, सद्भाव हो, मैत्री, प्रेम भाव हो। यह तभी सम्भव होगा जब व्यक्ति औदार्य, सौहार्द्र, सत्य, अहिंसा, सेवा, परोपकार, त्याग और बलिदान की भावना से आपूरित होगा।

'खिली घूप' की अधिकांश कवितायें इन्हीं आदर्शों और जीवन-मूल्यों की स्थापना के पक्ष में एक बयान हैं। चूँकि कवि घोर मानवतावादी है इसलिए वह पूरब और पश्चिम का भेद नहीं मानता - वह मानव की जयगाथा का कवि है इसलिए वह मनुष्य को मनुष्य का शत्रु भी नहीं स्वीकारता—"शत्रु मानव का/नहीं है मानव/मानव है मानव जैसा/शत्रु नहीं वह/जो है हमारे जैसा/आलोक देता दीपक/भले ही वह/वह पूरब या हो पश्चिम का/आलोक शत्रु नहीं आलोक का।" (खिली धूप, पृष्ठ 27)। कवि का मानना है कि मित्रता और शत्रुता व्यक्ति के व्यवहार और आचरण पर निर्भर है। व्यक्ति के पास प्यार और खार दोनों हैं -अब उस पर निर्भर है कि वह मित्र बनायेगा अथवा शत्रु—"प्यार और खार/दोनों हैं हमारे पास/आगत को प्यार दे अपना मित्र बनायें/अथवा/खार दे कर व्यर्थ/अपना शत्रु बनायें।" (वही)। डॉ. आदित्य प्रचण्डिया को दुःख इस बात का है कि आज का आदमी खार वाला ही मिल रहा है -

''जब भी निरीक्षण किया बाग-बगीचे का
वेशभूषा फूल की थी लेकिन खार निकले
हमने समझा था जीवन भर मासूम जिनको
जाँचा-परखा तो वह पुराने गुनहगार निकले।''

(कितने रूप कितने रंग, पृष्ठ 129)।

त्याग, बलिदान, सेवा और समर्पण आदि मानवीय मूल्यों की वकालत करने में डॉ. आदित्य प्रचण्डिया का स्वर काफी बुलन्द है। जयशंकर प्रसाद ने 'दया माया, ममता लो आज/मधुरिमा लो अगाध विश्वास।" तथा 'समर्पण लो सेवा का सार' कहकर जिन महनीय मानव-मूल्यों की ओर संकेत किया था उन्हें जीवन में अपनाने की सलाह आदित्य प्रचण्डिया की कविताओं में भी है। 'खिली धूप' संग्रह में उनकी कई कविताएँ सेवा, समर्पण और मर्यादा केन्द्रित हैं। वस्त्र और कैंची के संवाद में उन्होंने सेवा को ही केन्द्र में रखा है—"कहा वस्त्र ने/क्रूर कैंची से/अंग-भंग मुझे/करते क्यों आप/दिया उत्तर/कैंची ने सस्वर-/किसी अंग शोभा/हेतु है यह सेवा।" (खिलती धूप, पृष्ठ 33)। सूक्ष्म अन्वेक्षण और बौद्धिक परीक्षण की क्षमता वाले डॉ. प्रचण्डिया वस्त्र और कैंची के सम्बन्धों में सेवा का भाव ढूँढ लेते हैं तो रंग और जल के बीच समर्पण का भाव भी रंग जलकण में घुलकर विस्तृत पट को रंजित करने में इसलिए समर्थ होता है क्योंकि उसमें समर्पण की भावना होती है—"रंग! लघुकण तेरे/विस्तृत पट को/रंजित करने में/समर्थ हुए कैसे/जल में घुलते हुए/कहा रंग ने भाई मेरे/अपने समर्पण की भावना/इसका है प्रमुख कारण।" (वही, पृष्ठ 34)।

'कितने रूप कितने रंग' की कविताओं में भी सेवा-समर्पण की बात कही गई है लेकिन यहाँ कवि एक उपदेशक की भूमिका में नजर आता है—

''तन से कीजिए सेवा, मन से भले विचार
धन से इस संसार में करिये पर-उपकार।''

(कितने रूप कितने रंग, पृष्ठ 122)।

आज का समय कथनी और करनी में एकरूपता का नहीं है। मिथ्या आचरण और मिथ्या प्रलाप समाज के विसंवादी स्वर बनते जा रहे हैं। ईर्ष्या, द्वेष, घृणा, अपमान और उपेक्षा के बढ़ते चरण संवेदनशील कवि को दु:खी और चिन्तित कर रहे हैं। लोभ-लालच ने रिश्तों की परिभाषा बदल दी है। इसीलिए आदित्य प्रचण्डिया को यह कहना पड़ता है -

''लालच नर को लाचार बना देता है
आलस उसको बीमार बना देता है
जिन्दगी के अर्थ आज बदल गये हैं मित्रो
लोभ रिश्तों को व्यापार बना देता है।" (वही, पृष्ठ)

'कितने रूप कितने रंग' में विविध काव्य-शैलियों का प्रयोग किया गया है। छन्द और मुक्त छन्द के अतिरिक्त जापानी काव्य-शैली हाइकू का प्रयोग भी कवि की काव्य-क्षमता का प्रमाण है। इसमें प्रयुक्त बिम्बों से जीवन और समाज की जो छवि उभरती है वह भी विसंगति और विडम्बना बोधक ही है जैसे—"स्वार्थी रिश्ते/मतलबी हैं लोग/कंस बनते।" (पृष्ठ 107)। पिंजड़े के बाहर की निर्मम हवा में चिड़िया के उड़ने की भयावहता की समझ कवि प्रचण्डिया को अत्यधिक संवेदनशील बनाती है—"चिडिया उड़ी/पिंजड़े के बाहर/निर्मम हवा।" (वही)। अस्सी हाइकू में फैले विषय-विस्तार के निष्कर्ष जीवन-जगत की विषमता से युक्त हैं लेकिन उनका उद्देश्य केवल नकारात्मक चित्रण नहीं है बल्कि उनके माध्यम से सकारात्मकता तक पहुँचने की अभिप्सा है। साहित्य का यथार्थ कहीं न कहीं आदर्श की स्थापना के लिए ही होता है। विसंगति और विडम्बना का चित्रण सत्यम, शिवम और सुन्दरम की जड़ों के अभिसिंचन के लिए ही होता है। साहित्य में दृश्यमान विकृति का संसार वस्तुत: सौन्दर्य के सृजन और विकास की कामना लिए होता है और यदि ऐसा नहीं होता तो कोई 'मैला आंचल' सरीखी रचनाओं को पढ़ता क्यों? आदित्य प्रचण्डिया के हाइकुओं में अगर जिन्दगी रेतीली डगर और अंगार भरी लगती है तो वह कहीं न कहीं कुसुम-पथ की कामना की अभिव्यक्ति है। अपने अन्तिम हाइकू में कवि ने अपनी अभिलाषा पूर्ण स्पष्टता के साथ प्रकट भी कर दी है—

''पंकज खिले
अनुकूल आकांक्षा
आत्मज मिले।"

(कितने रूप कितने रंग, पृष्ठ 113)

कविता न तो केवल मनोरंजन है और न ही केवल सन्देश। दोनों का सामंजस्य कविता को लोकप्रिय और दीर्घ जीवी बनाता है। 'खिली धूप' की कविताओं में इन दोनों का सम्यक निर्वाह हुआ है। कुछ कविताओं में सन्देश उपदेश तक पहुँच गया है और इसीलिए उनमें कलात्मक प्रौढ़ता का अभाव दिखाई देता है। कुछ ऐसी भी कवितायें हैं जिनमें उपदेशात्मकता के बावजूद उत्कृष्ट काव्यत्व विद्यमान है। 'मार्गदर्शन शीर्षक कविता प्रतीकों के बल पर निरा उपदेश' होने से तो बची ही है उसमें काव्यत्व का भी सन्निवेश हो गया है—"बुझते दीपक से/चलेगा न अब काम/छोड़िये यहीं इसे/बढ़िये साहस लिए/गगन में गरजती/बिजलियाँ सागर में उफनती उर्मियाँ/करेंगी मार्गदर्शन/खुद बखुद तुम्हारा।" (खिली धूप)। इसमें कवि ने बिजली और लहरों का जिस तरह प्रयोग किया है उससे कविता क्रान्तिचेता और अग्निधर्मा बन गई है। झंझा प्रभंजन से भी बहुत कुछ सीख मिलती है। सपाट और सहज जीवन हर समय श्रेयस्कर नहीं होता विप्लव की ज्वाला भी उसमें वांछित है। 'कितने रूप कितने रंग' के निम्नलिखित मुक्तक के माध्यम से कवि यही बताना चाहता है कि इस संसार में कुछ भी असम्भव नहीं है। सम्भावनाओं की सिद्धि के लिए पूर्ण विश्वास के साथ मनुष्य को क्रान्तिचेता और अग्निधर्मा बनना पड़ेगा—

''शिखर पर पहुँचने के लिए प्रयास चाहिए
तिमिर दूर करने के लिए प्रकाश चाहिए
यहाँ सम्भव है सब कुछ मनुष्य के लिए बस
अन्तर में कुछ करने का विश्वास चाहिए।''

(कितने रूप कितने रंग, पृष्ठ 123)

ज्ञान-विज्ञान और तकनीकी के उत्कर्ष काल में भी मनुष्य ढोंग, ढकोसला, आडम्बर और अंधविश्वास आदि से मुक्त नहीं हुआ है और वह होना भी नहीं चाहता है। सत्य-असत्य, न्याय-अन्याय, धर्म-अधर्म के बीच युद्ध पहले भी हुए हैं। आज भी हो रहे हैं लेकिन उसमें पाखण्ड और धूर्तता का प्रवेश पहले की अपेक्षा कहीं अधिक है। कविता इस दृष्प्रवृत्ति के साथ मुठभेड़ करती है क्योंकि खतरा बाहर से नहीं भीतर से है। परायों से नहीं अपनों से है। यह मुक्तक इसी बात का खुलासा करता है—

"खतरा दुश्मनों से नहीं गद्दारों से है
खतरा चोरों से नहीं पहरेदारों से है
धर्म रक्षा के लिए सावधानी है जरूरी
खतरा नास्तिकों से नहीं ठेकेदारों से है।"

(वही, पृष्ठ 121)

नूतन-पुरातन का द्वन्द्व हमेशा रहा है, आगे भी रहेगा। यही सृष्टि के विकास की प्रक्रिया है। इसे कोई सभ्यता के विकास से भी जोड़कर देखता है। कवि-मन विरासत को सँभालना चाहता है और नये से ऊर्जस्वित होना भी।जब वह पुरातन के ध्वंस की बात सोचता है तो उसका अन्तर्मन इसकी गवाही नहीं देता। उसे सभ्यता-विरोधी होना स्वीकार्य नहीं है—'चीवर' प्रतीक के माध्यम से इस द्वन्द्व को उभारा गया है—"फटा-पुराना/पूर्वजों से/मिला विरासत में चीवर/जी! मैंने उसे/आज तक सहेजा/मौके-बे मौके पहना/और मन है, अब उसे/फाड़ने को करता/यकायक खिड़की से/आवाज एक/हवा में गूँजती-फाड़ना इसे/सभ्यता के खिलाफ है।" (खिली धूप, पृष्ठ 102)। 'खंडहर' कविता प्राचीन धरोहरों के प्रति सम्मान की कविता है। आधुनिकता के रंग में रंगे लोग खंडहर नुमा प्राचीन धरोहरों को देखने आते और सम्मान के साथ शीश झुकाते हैं। आदित्य प्रचण्डिया चाहते हैं कि प्राचीन परम्परायें भी खण्डहर का रूप ले लें ताकि इनके प्रति भी लोग ससम्मान शीश झुकायें—

"आधुनिकता में रँगे
हजारों लोग आते हैं
प्राचीन धरोहरों पर
शीश झुका जाते हैं
काश!
कितना अच्छा होता
प्राचीन परम्परायें भी
खंडहरों का रूप लेतीं।"

(कितने रूप कितने रंग, पृष्ठ 79)

डॉ. प्रचण्डिया एक गहन अध्येता और विचारक हैं इसीलिए अपने को अलग झलकाने के लिए वे सदैव नवता की तलाश में रहते हैं। उनकी इस प्रयत्नशीलता ने 'शोषक' शीर्षक कविता को जन्म दिया है जो अपने आप में विलक्षण है—"मच्छरों के दंश से/पीड़ित मनुज ने/सिसकी भरी जनाब/आपसे बढ़कर क्या/कोई है रक्त

शोषक/भिनभिनाते/कहा मच्छर ने मित्र मेरे/यह सब मैंने/सीखा है तुम से।" (खिली धूप, पृष्ठ 62)। प्रगतिवादियों द्वारा शोषक-शोषित पर लिखी गई कविताओं से यह किसी भी अर्थ में कमतर नहीं है।

डॉ. आदित्य प्रचण्डिया सतत जागरुक, भावुक और संवेदनशील कवि हैं। वे अपनी कविताओं द्वारा हर तरह के तिमिर से जूझते और टकराते हैं। उन्हें लगता है कि प्रेम की उज्ज्वलता ही घनघोर अँधेरे को मिटा सकती है इसीलिए उनकी कविता में प्रेमराग की अधिकता है।

अरुण कमल : मनुष्यता के उज्ज्वल पक्ष की तलाश

उच्च प्रौद्योगिकी एवं सूचना-संचार ने सम्पूर्ण जगत को एक 'विश्व ग्राम' यानी 'ग्लोबल विलेज' में भले ही बदल दिया है लेकिन इसी ने 'मनुष्य' और 'मनुष्यता' की अन्तहीन दुर्दशा भी की है। भूमंडलीकरण और बाजारवाद के इस भयावह अर्थलोलुप युग में जिस उपभोक्तावादी संस्कृति का जन्म हुआ है उसमें मानवीय संवेदनायें निरन्तर क्षीण हो रही हैं। भागमभाग और आपाधापी में सम्बन्धों के निर्वहन के लिए धैर्य नहीं बचा है। प्रयोग और फेंकने (यूज एण्ड थ्रो) की प्रवृति में वृद्धि हुई है। हिंसा, बलात्कार, शोषण, अन्याय और असमानता की घटनायें बढ़ रही हैं। सार्वजनिकता का स्थान निजी स्वार्थों ने ले लिया है। ऐसे भयावह समय में अरुण कमल जैसे संवेदनशील कवि का चिन्तित होना और इस युग के लिए 'अँधेरा' विशेषण लगाना स्वाभाविक है—"पूरी दुनिया पतन के दौर से गुजर रही है। मनुष्यता के इतिहास में उज्ज्वल पक्ष आते हैं और अँधेरे पक्ष भी। अभी अन्धेरा पक्ष है।" (समकालीन भारतीय साहित्य, अंक 189, जनवरी-फरवरी 2017, पृष्ठ 65)। अँधेरे पर विचार करते हुए वे कबीर और तुलसी के समय को भी अपने चिन्तन के वृत्त में लेते हैं। उन्हें लगता है कि आ़ज के कवि की भूमिका भी कबीर के समान होनी चाहिए-जागना और रोना। जाहिर है कबीर ने अन्याय, असमानता और शोषण के विरुद्ध आवाज उठायी थी। आदमी-आदमी में बराबरी की बात की थी। रूढ़ियों, अन्धविश्वासों, धार्मिक ढकोसलों, कर्म काण्डों और साम्प्रदायिकता से मुक्ति की कामना की थी। अरुण कमल भी युगानुरूप कमोबेश यही अभिलाषा रखते हैं। उन्हें भी मनुष्यता के उज्ज्वल पक्ष की तलाश है। इसीलिए वे कहते हैं—दुखिया दास कबीर है जागै और रोवै। हम भी जागेंगे/रोवेंगे/और जगत को देखकर हँसेंगे/और गायेंगे।" (वही)।

अरुण कमल ने 'विनय पत्रिका' की इन पंक्तियों—"विनयपत्रिका दीन की बापू आप ही बाँचो/हिये हेरि तुलसी लिखी सो सुभाय, सही करि बहुरि पूँछिए पाँचो।" को अपने सभी काव्य-संग्रहों के प्रारंभ में दिया है। अन्यत्र भी उन्होंने तुलसी को बहुत

महत्त्व के साथ याद किया है। अब यहाँ सवाल यह है कि जिस उत्तर आधुनिक युग में तुलसी के अधिकांश साहित्य को कूड़ा कहकर खारिज करने का फैशन चला हो वैसे में एक आधुनिक कवि अरुण कमल द्वारा तुलसी को इतना सम्मान दिया जाना अकारण तो नहीं हो सकता। कबीर और तुलसी के प्रति इतनी अनुरक्ति और इतने सम्मान के पीछे कोई न कोई कारण तो होगा ही। जाहिर है कबीर मनुष्य के हित के लिए हाथ में लुकाठा लेकर खड़े थे और तुलसी भी मानवीय सम्बन्धों की रागात्मकता का आख्यान रच रहे थे। कबीर के समय में भी अँधेरा था और तुलसी को घोर कलिकाल की भयंकरता की अनुभूति तो थी ही। आज जब अरुण कमल उसी तरह के अँधेरे का अनुभव कर रहे हैं तो इन तीनों कवियों के बीच कहीं न कहीं समय की भयावहता का समान तत्व अवश्य दृष्टिगत होता है।

कबीर प्रश्न करने वाले कवि हैं। अरुण कमल के यहाँ भी प्रश्नों की भरमार है। आज के इस खतरनाक और भयावह समय में भी लोग चुप्पी साधे हैं। अरुण कमल को यह चुप्पी अखरती और खलती है। वे पूछ बैठते हैं—

''कैसा समय कि छुट्टा साँड़
गौवों की नाँद में सींग मार रहा है
और कोई बोल नहीं सकता
कैसा समय कि खून की छींटों से भरा सफेद घोड़ा
गाँवों को रौंदता जा रहा है
और कोई रोक नहीं सकता
चुप क्यों है सारा मोहल्ला
चुप क्यों है सारी दुनिया
तुम चुप क्यों हो।''

(सबूत, पृष्ठ संख्या 61)

कबीर हद के नहीं बेहद के कवि हैं। वे सम्पूर्ण मानवता की बात करते हैं। जाति-धर्म से परे मनुष्य के कल्याण की कामना करते हैं। अरुण कमल की मानवीय चिंता भी देश-विशेष तक सीमित नहीं है। वैश्विक स्तर पर जहाँ भी मनुष्यता संकटापन्न है वहाँ उनकी चिन्ता की पहुँच देखी जा सकती है। हत्या अगर लेबनान में हो रही है तब भी वे दुखी होते हैं। उनकी प्रश्नाकुलता अन्तर्राष्ट्रीय चेतना के साथ उजागर होती है -

''ऐसा क्यों हो रहा है कि
हजारों लोग लेबनान में काटे जा रहे हैं
और सारी दुनिया अपने-अपने हथियारों में

तेल डाल रही है चुपचाप
पेड़ को पत्थर बनने में लगा है हजार वर्ष
आदमी देखते-देखते पत्थर बन रहा है
ऐसा क्यों, आखिर क्यों हो रहा है
ऐसा क्यों हो रहा है?''

(वही, पृष्ठ सं. 59)

इधर 'कविता में देश' और 'कविता में विश्व' की चर्चा काफी जोरों पर है। 'स्थानीयता' और 'लोक' को भी वाद-विवाद-संवाद के केन्द्र में रखा गया है। अरुण कमल 'नहि मानुषात् श्रेष्ठतरं हि किंचित' की सवीकार्यता वाले कवि हैं। उनके लिए स्थान विशेष महत्त्व नहीं रखता। उनका मानना है कि आदिमानव से जुड़ी गंगा और माँ के दूध में बसी गंगा यह सिखलाती है कि आदमी का आदमी से प्यार हो। वास्तविक जुड़ाव हो। अगर ऐसा नहीं है तो उस आदमी की कोई गंगा नहीं-कोई मातृभूमि नहीं—"आज मैंने जाना/जो आदमी को प्यार नहीं करते/उनकी कोई गंगा नहीं/कोई मातृभूमि नहीं/कोई अपना तारा नहीं।" (अपनी केवल धार, पृष्ठ 58)। यही मानवीय दृष्टि 'ईद मुबारक' के समय लेबनान में बम के गोलों का धुँआ, कंधों पर रखी बन्दूक और रोटी के टुकड़ों की ललक कवि को चिन्तित और उदास करती है—"चाँद कटा किसके हिस्से का? किस किस की कुण्डी खटकाएँ/सब दरवाजे बन्द/सब दरवाजे बन्द आज की रात/ईद की रात/कंधे से झोली लटकाए घूम रहा दरवेश शहर में/सब दरवाजे बन्द।" (सबूत, पृष्ठ सं. 57)। इससे यह स्पष्ट है कि मनुष्य कहीं का भी है, अगर वह दुःखी, शोषित, पीड़ित और संकट ग्रस्त है तो अरुण कमल की पूरी सहानुभूति और संवेदना उसके साथ है। वे मनुष्य की मुक्ति के पक्षधर हैं किन्तु उन्हें यह भलीभाँति मालूम है कि मुक्ति की राह आसान नहीं होती। वे यह जानते हैं कि 'खतरा उससे है जो बिल्कुल खतरनाक नहीं।" 'मुक्ति' तीन वर्णों से निर्मित एक शब्द मात्र नहीं है। उसमें इतिहास का सन्निवेश है और भूगोल का भी। वह संघर्ष की अपेक्षा रखती है। मुक्ति के लिए लड़ने वाला आदमी स्वार्थों और निजी हितों से ऊपर होता है। उसके पास कुछ भी गोपनीय नहीं रहता। ऐसे मुक्तिकामी, संघर्षरत मनुष्य का संग-साथ देने, स्वयं मुखर होने की अपेक्षा लोग जब चुप्पी साधे रहते हैं तब कवि की बेचैनी बढ़ती है और वह सवाल करता है—

''जहाँ कहीं दुख में है आदमी
जहाँ कहीं मुक्ति के लिए लड़ता है आदमी
वहाँ कुछ भी नहीं है निजी

कुछ भी नहीं है गुप्त
फिर भी तुम चुप क्यों हो?''

(सबूत, पृष्ठ सं. 61)

अमानवीयता के विरुद्ध एकजुट साहसिकता का त्वरित अभियान अरुण कमल के काव्य की विशिष्ट पहचान है। उचित कार्यवाही हेतु प्रतीक्षा की मानसिकता उनकी नहीं है। वे तत्काल/समाधान के पक्ष में दिखाई देते हैं। इसीलिए पूछते हैं—"कल खाली थीं बन्दूकें/आज उनमें गोलियाँ भरी हैं/कल फिर से खाली हो सकती हैं/कल क्यों? आज क्यों नहीं/यह मत समझो/हमारे लिए आयेगा कोई दिन इससे अच्छा/कल या परसों।" (अपनी केवल धार, पृष्ठ 73)। यहाँ कबीर याद आते हैं—"काल्ह करै सो आज कर, आज करै सो अब।" यह बात अलग है कि उनका सन्दर्भ भिन्न था।

आज 'लोकतन्त्र' और 'समाजवाद' का नारा व्यर्थ प्रलाप बनकर रह गया है। उसकी आड़ में पूँजीवादी शक्तियाँ फल-फूल रही हैं। सामान्य जन भूख से तड़प कर मरने के लिए विवश है। महाकवि तुलसी का अपना निजी जीवन तथा तत्कालीन समाज भूख से बिलबिलाने की पीड़ा का समाज है। उस समय भी किसान दुखी और निराश, हताश था आज का किसान आत्महत्या के लिए बाध्य है। सरकार अन्न-क्षेत्र में आत्म निर्भरता का ढोल पीटने तथा अनाज सुरक्षित रखने की समस्या का समाधान ढूँढने में व्यस्त है लेकिन कवि भूख के मारे पेट पिचककर पत्ता बन जाने वाले आदमी की निरीहता, दीनता विवशता और असमर्थता की चिन्ता में निमग्न है—

''मैंने इसके पहले कभी नहीं देखा था
किसी को भूख से मरते
मैंने सोचा भी नहीं था
कि आदमी का पेट पिचककर
सिर्फ सूखा पत्ता भी बन सकता है
और मृत्यु तो बीच सड़क पर
सौ आदमियों के बीच हो सकती है।''?

(अपनी केवल धार, पृष्ठ 62)

अरुण कमल मध्यवर्ग और निम्न मध्यवर्ग की सामाजिक-आर्थिक स्थिति की सूक्ष्म पकड़ तो रखते ही हैं निम्न से निम्न सामान्य जन की दुर्दशा से भी पूर्णतः परिचित हैं। या यों कहें कि उनकी संवेदना की विस्तृत भूमि के वासी आम आदमी ही हैं। वैसे अरुण कमल भी अपने को 'मैदानों, खेतों का रहनवार' ही मानते हैं। ऐसे व्यक्ति के आस-पास की दुनिया में सामान्यजन का होना अस्वाभाविक भी नहीं है।

यही कारण है कि चाहे कीचड़ में धँसकर पौधे रोपने वाले हाथ हों या माँ के दूध की हलचल वाले बच्चों के तलवे हों अथवा बेचारी कुबड़ी बुढ़िया की आखिरी साँस की चिन्ता कवि की संवेदना का विस्तार सम्पूर्ण भूलोक तक है। वह उनके दुखों से दुखी होता है। उनकी यातनाओं से पीड़ित महसूस करता है। होटल का लड़का (नौकर) दूसरों के सामने स्वादिष्ट थालियाँ परोसता है लेकिन जब उसे 'एक सुडौल हरी मिर्च' और थोड़ा सा नमक भी थाली में प्राप्त नहीं हो पाता तब कवि की आत्मा तड़प उठती है, और कौर वाला हाथ रुक जाता है—

''जैसे ही कौर उठाया
हाथ रुक गया
सामने किवाड़ से लगकर
रो रहा था वह लड़का
जिसने मेरे सामने
रखी थी थाली।''

(अपनी केवल धार, पृष्ठ 18)

कवि की दृष्टि में भूख सबसे बड़ी समस्या है। रोजी-रोटी की तलाश में आदमी देश-विदेश, इधर-उधर भटकता है। हर जगह उसका शोषण होता है। जमींदार, पूँजीपति उसे आज भी बँधुआ समझते हैं। वे मजदूरों से खेती करवाते हैं, रोपनी-कटनी करवाते हैं, ईंट-भट्ठों पर ईंटें ढुलवाते हैं, धुँआ उगलने वाली फैक्टरियों, कोयला खदानों में काम करवाते हैं तथा उनके स्त्रियों-बच्चियों से दुराचार करते हैं। रहस्योद्घाटन के भय से उन्हें मरवा भी देते हैं—"वे मजदूर मारे गये/वे बच्चे मारे गये/बोकारो, पथइडा, बड़हिया, विश्रामपुर/कोई कहीं, कोई कहीं/वे मारे गये।" (वही, पृष्ठ 26)। अरुण कमल को पूरा विश्वास है कि नेता रोटी के टुकड़े फेंक लोगों को आपस में लड़ाने का काम करते हैं। जाति, धर्म, प्रांत के नाम पर लड़ाई करवाने वालों की नियति, नीति और कार्य-शैली पर सन्देह किये बगैर भूखे पेट वाले मजदूर, कामगार, कलाकार आपस में लड़ मरते हैं—

''फेंका है उन्होंने रोटी का टूकड़ा
और टूट पड़े गली के भूखे कुत्ते
एक-दूसरे की गर्दनों पर दाँत बजाते
एक टुकड़ा रोटी
और लाखों भुक्खड़।" (वही, पृष्ठ 30)

रोजी-रोटी की तलाश में कलकत्ता, मुम्बई, दिल्ली, लुधियाना गये लोगों की आवासीय समस्या भी कवि की चिन्ता का कारण बनती है। गंदी गलियों और नालियों के बीच टूटे-फूटे, सीलन भरे, अँधेरा समोते दमघोटू मकान में कई आदमियों के एक साथ रहने की विवशता उसे दुखी और विचलित करती है—"हमारा यही घर है/हम सब यहीं रहते हैं/एक-दूसरे से गुँथे हुए/हम यहीं रहते हैं।" (वही, पृष्ठ 46)। कवि का स्वर वहाँ व्यंग्यात्मक हो जाता है जब वह देखता है कि गटर के पास, कचरों से पटी झोपड़ पट्टी में रहने वाले लोग सारी दुनिया (वह दुनिया जिसने इन्हें दुर्गन्धमय जीवन दिया है) के लिए सुगंन्धित अगरबत्ती बनाते हैं—

''दुनिया की सारी गन्दगी के बीच
दुनिया की सारी खूशबू रचते रहते हैं हाथ।''

(वही, पृष्ठ 30)

असुरक्षित, असहाय, अकेला, दुर्बल किन्तु संघर्षशील मनुष्य अरुण कमल की कविताओं का केन्द्रीय चरित्र है। उसके जीवन में क्या कुछ घटित हो रहा है, कितना बदल रहा है, कितना रीत रहा है, इसे देखने-परखने, सोचने-समझने में कवि का सजग चैतन्य देखते ही बनता है। वह बहुत बारीकी से एक-एक स्थितियों, घटनाओं, तथ्यों तथा समस्याओं पर अपनी नजर रखता है। उसे मालूम है कि आज की दुनिया कल की दुनिया नहीं है -यहाँ रोज बदलाव है—"यहाँ रोज कुछ बन रहा है/रोज कुछ घट रहा है/यहाँ स्मृति का भरोसा नहीं/एक ही दिन में/पुरानी पड़ जाती है दुनिया।" फिर भी ब्लूटूथ, पेन ड्राइव और ई कल्चर के इस वर्तमान युग में सामान्य जन की पीड़ाओं में कोई बदलाव नहीं है। दुख में कोई कमी नहीं है। सुखानुभूति के लिए रोटी और घर की जरूरत पड़ती है लेकिन उसी का ठिकाना नहीं है—"दुनिया में इतना दुःख है इतना ज्वर/सुख के लिए चाहिए बस दो रोटी और एक घर/और वही दिन-ब-दिन मुश्किल पड़ रहा है।" इसीलिए 'पुतली में संसार' के कवि को अर्जुन की तरह सिर्फ मछली की पुतली नहीं दिखाई देती बल्कि बहुत कुछ दिखाई देता है—

''मुझे तो देखना था आँख का गोला
और मैं इतना अधिक सब कुछ क्यों देख रहा हूँ देव।''

अरुण कमल की सहानुभूति उस गर्भवती स्त्री के साथ है जो गर्भपात का खतरा उठाते हुए नल से डोल में पानी लाने के लिए विवश है। कवि उसे नल पर पानी भरने जाने से मना करता है क्योंकि उसके गिरने, उसकी हड्डियों के टूटने तथा गर्भस्थ शिशु के थकने की सम्भावना है—"दोनों हाथों से लटके हुए डोल/अब और तुम्हें खींचेंगे धरती पर/झोर देंगे देह की नसें/उकस जाएंगी हड्डियाँ/ऊपर-नीचे दो लेगा

पेट/और थक जायेगा बउआ।'' (अपनी केवल धार, पृष्ठ सं 20)। गर्भस्थ शिशु की थकान का अनुभव करना 'परकाया प्रवेश' का परिणाम है जो काव्य-क्षमता का सूचक तो है ही कवि की संवेदना और मनुष्यता के प्रसार का भी सूचक है। प्राय: यह कहा जाता है कि स्त्रियाँ ही स्त्रियों के संवेदन-संसार को भली भाँति प्रकट कर सकती हैं लेकिन अगर पुरुष में काव्य-क्षमता है तो वह दूसरे के सच को अपना सच बना सकता है। सजग संवेदनशीलता और काव्य-क्षमता का लिंग से उतना सम्बन्ध नहीं होता जितना स्त्री-विमर्शकारों द्वारा आज प्रचारित-प्रसारित किया जा रहा है।

'नये इलाके में' कवि का पुराने घर की तलाश परम्परागत मूल्यों की तलाश है। वह जरूरी भी है क्योंकि आज के इस उत्तर आधुनिक समय में सत्य, ईमानदारी, नैतिकता आदि ने अपना चोला बदल लिया है। लोग संशय, घुटन, विश्वासघात, आतंक और भय के वातावरण में जीने के लिए विवश हैं। स्थिति ऐसी है कि—छूरा भाँजते गुंडे छुट्टा घूम रहे हैं/और अपने ही घर की चौखट/पर बैठा आदमी/मारा जा रहा है।" किसी का किसी पर भरोसा नहीं रह गया है। मानवता इस तरह ह्रासोन्मुख है कि रात में सोने की जगह देने वाला चुपचाप हत्या भी कर सकता है। लोगों के आचरण-व्यवहार में समय का ऐसा जहर घुला हुआ है कि कवि को दु:खी मन से कहना पड़ता है—

''दुकानदार यदि पीने को चाय दे
तो समझो कि ठगने की ताक में है
थानेदार कभी हँसते हुए कन्धे पर हाथ दे
तो तय है किसी दफा में फँसने वाले हो।''

(सबूत, पृष्ठ 64)

क्षेत्रीयता, भाषा, जाति, धर्म और साम्प्रदायिकता द्वारा मानवता को पहुँचायी जा रही क्षति के विरुद्ध अरुण कमल की कविता में साहस, संकल्प और प्रखरता की जैसी विद्यमानता है वैसी मौजूदगी उनके अन्य समकालीनों की कविता में कम दिखाई देती है। उनकी अभिधात्मकता भी तीव्र प्रहारात्मक क्षमता से सम्पन्न रहती है। आत्मानुभव बयान करती निम्नलिखित पंक्तियाँ अपनी सहजता में पलायन की पीड़ा, दर्द और भय को बहुत मार्मिकता के साथ प्रकट करने में सक्षम हैं—

''दोस्त बगलगीर सबने कहा
कहीं चले जाना अच्छा होगा
जहाँ तुम्हारे लोग हों अपने

और मैं वहाँ चला जाया जहाँ
कोई मुझे जानता तक न था
सिवा एक दूर की खाला के
जो बूढ़ी और बेवा थी।''

आदमी आखिर जाये तो कहाँ जाये? 'कहाँ जायेंगे वे लोग/जिनका कहीं कोई घर नहीं' अरुण कमल का यह एक ऐसा सवाल है जो किसी को भी विचलित करने के लिए काफी है। इस सवाल को अरुण कमल ने खुद 'स्व' से और भारतीय स्वत्व से पूछा है—

''ज़रा सोचो कमल, तुम मेरे बारे में ही सोचो
सोचो मैं इम्फाल गया
और लोगों ने कहा, तुम बाहरी हो
फिर मैं दिल्ली आया
और दिल्ली ने कहा तुम बाहरी हो
तब मैं अपने पटना आया
और पटने वालों ने कहा तुम यहाँ पैदा भी नहीं हुए
तुम्हारा यहाँ अपना मकान भी तो नहीं है
कहाँ जाऊँगा फिर? फिर मैं कहाँ जाऊँगा।''

इस कविता की अन्तिम पंक्ति जो सवाल उठा रही है वह बाहरी करार दिये जाने की पीड़ा को और अधिक बढ़ाने वाली है। यह दु:ख न केवल एक व्यक्ति का है और न ही केवल एक प्रदेश के लोगों का। इस त्रासदी की परिधि में पूरा विश्व समाहित है। अरुण कमल की कविता क्षेत्रीयता, भाषावाद और साम्प्रदायिकता से मुक्ति की आकांक्षा की कविता है। उसमें 'अँधेरे के तालों को खोलने की व्यग्रता है।' उसमें 'बच्चों को कन्धे पर बिठाये सारी पृथ्वी और सम्पूर्ण ब्रह्मांड में टहलने की आतुर उत्कंठा है।' कवि का मानना है कि आज दुनिया सिमटकर इतने पास आ गई है कि एक व्यक्ति का सुख-दु:ख पूरे समाज को प्रभावित किए बिना नहीं रह सकता—"इतनी छोटी हो गई है दुनिया एक नक्शे-भर/जब आप आराम से खाना खा रहे हैं/तो बिल्कुल पास कोई भूख से दम तोड़ रहा हो/चैन नहीं है कभी/सुख नहीं है अकेले-अकेले/सबके साथ ही सुख है, सबके दु:ख में दु:ख।" (सबूत, पृष्ठ 80)। अरुण कमल को विश्वास है कि 'जहाँ कहीं भी जुट जायें, दस लोग/वहीं पर चित्रकूट है।' कहना न होगा कि तुलसीदास का मन चित्रकूट में रमता है और अरुण

कमल भी चित्रकूट की बात करते हैं। यदि 'जीवन की चौपाई' कहीं से टूटती है तो भी 'अर्थ शेष रह जायेगा।' जीवन की मानवीय कथा ऐसे ही चलती रहती है -नये सन्दर्भ और नये अर्थ के साथ।

अरुण कमल का मानना है कि "जुल्म के खिलाफ लड़ने की उम्र कभी खत्म नहीं होती' (सबूत, पृष्ठ 32) वे 'बुढ़ापा' को सुबह-शाम टहलने अथवा बच्चों को परियों की कथा सुनाने तक सीमित नहीं रखते। अन्याय, अव्यवस्था, शोषण और हिंसा से मुक्ति के लिए सभी को मिलकर आवाज़ उठाने की बात कहते हैं। वे स्वार्थी और सत्ता लोलुप व्यवस्था को बदलने के लिए क्रान्ति का आह्वान करते हैं। क्रान्ति खून माँगती है। नेताजी सुभाष चन्द्र बोस ने आजादी (मुक्ति) के विकल्प के रूप में खून की ही माँग की थी। अरुण कमल भी खून की माँग करते हैं—"आइए आप भी आइए/आइए भाइयो-बहनो/चाहिए हमे एक-एक आदमी का खून/एक-एक आदमी का खून।'' (अपनी केवल धार, पृष्ठ-51)। सामूहिक संघर्ष-चैतन्य का होना क्रान्ति के लिए जरूरी है।उसकी पहुँच का विस्तार गाँव-गाँव और जन-जन तक हुए बिना उसकी सफलता की कल्पना नहीं की जा सकती। इसीलिए अरुण कमल 'टेलीफोन के तार' जैसी सम्पर्क की भूमिका की आवश्यकता महसूस करते हैं जो जोड़ते रहें गाँव-गाँव, शहर-शहर, आदमी-आदमी से सम्पर्क, फैलाते रहें क्रान्ति का ज्वार—"तने रहें फैले रहें टेलीफोन तारों से हम/.....ढोते रहें ध्वनियाँ/....जोड़ते रहें गाँव/गाँव शहर-शहर/आदमी-आदमी (वही, पृष्ठ 51)। यहाँ प्रश्न यह है कि कवि को क्रान्ति की आवश्यकता क्यों है? तो इसका उत्तर है कि हर व्यवस्था तानाशाह है, जनरल डायर की तरह क्रूर और अमानवीय है—"वाह! जनरल डायर के जूते ऐसे/कि हर शहंशाह के पाँवों में फिट/और बन्दूक की नली हर शहंशाह की/प्यारी इकलौती दूरबीन।" (वही, पृष्ठ 78)। अरुण कमल को विश्वास है कि सामूहिक चैतन्य जागृत होने से, आशा, आस्था और उल्लास का भाव जिन्दा रहने से अन्याय और अव्यवस्था के विरुद्ध संघर्ष में सफलता प्राप्त की जा सकती है—

''जिन औरतों ने चौखट पर कभी
पाँव नहीं डाला
उन्होंने घेर ली देश की संसद अचानक
इसीलिए उम्मीद है कि मेरा घर
मुझे मिलेगा वापस
पत्थर की नाभि में अभी भी कहीं

जिन्दा है हरा रंग
मुझे उम्मीद है फिर भी।''

(सबूत, पृष्ठ 73)

अपने समकालीनों में अरुण कमल अगर सर्वाधिक पठनीय और लोकप्रिय हैं तो इसलिए कि उनकी कविता में संश्लिष्टता के बावजूद जटिलता का अभाव है। सहज अभिव्यंजन-कौशल से उत्कृष्ट काव्यत्व को सम्भव करने का वैशिष्ट्य है। भाव-बोधों की नवीनता और ताजगी की विद्यमानता है और सबसे बड़ी बात कि उसमें मनुष्यता के उज्ज्वल पक्ष की तलाश का भास्वर विधान है। इन्हीं से अरुण कमल की कविता विशिष्ट बनती है।

लीलाधर मंडलोई : चुनौती भरे समय में एक सार्थक वक्तव्य

कविता में सृष्टि का विश्वबोध उभारना न तो सहज है और न ही सभी के लिए सम्भव। लीलाधर मंडलोई सृष्टि का विश्वबोध उभारने में इसलिए सफल हो सके हैं कि उनके अनुभव की परिधि व्यापक और संवेदन-तन्तु की ग्राह्यता अधिक है। उन्होंने सतपुड़ा से लेकर अण्डमान-निकोबार द्वीपसमूह सहित तमाम भूलोकों में जाने तथा रहने-बसने के क्षणों को कविता का हिस्सा बनाकर न केवल सृष्टि के साथ अपने साहचर्य का आरेखन किया है बल्कि उनकी पीड़ाओं, यातनाओं तथा आगत त्रासदियों से जुड़ी अपनी चिन्तायें भी प्रकट की हैं। उनकी कवितायें सृष्टि के सर्वथा अछूते प्रसंगों, घटनाओं और प्राणियों के अन्तर्जगत की साक्षी भर नहीं हैं बल्कि वे बेहतर विकल्प की सम्भावनायें भी हैं। इसका कारण यह कि समय की भयावहता का बोध जितना इस कवि को है उतना सम्भवत: अन्य किसी को नहीं। यों तो कविता में मनुष्य और प्रकृति की आवाजाही रहती ही है लेकिन उनके बीच के सम्बन्धों और रहस्यों को जानकर उनको बचाने की कोशिश कितने कवियों के यहाँ है? मंडलोई की कवितायें प्रकृति के रहस्यों को जानने के साथ-साथ उन्हें बचाने की कोशिश भी करती हैं। हालाँकि विस्मृति और विलोप के इस भयावह समय में उन्हें बचा पाने में कवि को सन्देह है—"वे बची रहेंगी आगे भी सन्देह बहोत/विलुप्ति के इस मारक समय में।" (पचास कवितायें-नयी सदी के लिए चयन, पृष्ठ सं. 22)

जब लगातार विलोपीकरण की प्रवृत्ति बढ़ रही हो-गायब हो रही हो गौरेया, बाजरे की खेती गायब हो रही हो, चिकक के बोल नहीं सुन पड़ रहे हों, अरण्डी का वृक्ष गायब हो रहा हो और तो और वे वन नहीं दिख रहे हों—"जिनमे फल ही फल होते थे/शहद के छत्ते भरपूर/चीटियों की कतारें/कन्द मूल और/अमलतास की पकी फलियाँ होती थीं/आम और उनकी गुठलियाँ/महुए के फूल/और ताड़ के पेड़ से उतरती नीरा।" (वही, पृष्ठ सं. 30) तब उन्हें बचा पाना कितना कठिन है

इसका अनुमान किया जा सकता है। ऐसे में एक संवेदनशील और भावुक हृदय सिर्फ अपना दुःख प्रकट कर सकता है—"मेरी आँखे ढूँढती हैं अब उन्हें/और भर जाती हैं अव्यक्त दुःख से।" (वही, पृष्ठ सं. 31) यह कोई सामान्य दुःख नहीं है बल्कि मानव अस्मिता से जुड़ा दुःख है। पर्यावरण के खतरे से भरा दुःख है। घोड़ानक्कास का मरना, पीतल की नक्काशी वाली दुकानों का उठना, पहियों को रंगरोशन करने वालेलोगों का जाना, गुलियादाई की गली तथा मटरगश्तियों और फब्तियों का गायब होना भी कवि को अखरता है। वह इसे एक सांस्कृतिक संकट के रूप में देखता है। उसे लगता है कि 'आखिरी साँसे हैं ये कल्चर कीं, इसके बावजूद कवि को उम्मीद है कि अभी भी शेष है बहुत और बहुत कुछ जो बच सकता है उसी तरह जैसे कि—

''समुद्र की अतल गहराइयों
या कि सुदूर इलाकों में
जहाँ उगता है कुछ न कुछ
और बचा रहता है पौधा
पौधे पर उगता फूल
कोई न कोई अन्न
और कोई जीव
मस्ती में डोलता-नाचता।" (वही, पृष्ठ सं. 76)

अगर धरती पर प्रेम बचा रहे तो सम्भव है—बची रहे मनुष्यता और उसके आलोक में सृष्टि का विधान भी। यही कारण है कि मंडलोई की कविताओं में रागात्मकता की अभिव्यक्ति कुछ अधिक ही है और इसकी परिधि का विस्तार मानव-लोक तक ही नहीं बल्कि मानवेतर प्राणि लोक तक है। यहाँ तक कि कवि को प्रकृति भी मदहोश कर देने वाली राग में डूबी नजर आती है जिसकी गिरफ्त में वह स्वयं को भी पाता है—"डूबा हूँ मैं मदकाल के निनादों में/कि मुझ तक आ रही है गंध/मुझमें जाग रहा है राग।" (वही, पृष्ठ सं. 35)। मंडलोई जी राग के साथ 'अनोखा' और 'अनूठा' विशेषण लगाकर सम्भवतः घनानन्द के 'औरे कछु' वाला प्रभाव व्यंजित करना चाहते हैं। उनके यहाँ राग में डूबे पशु-पक्षियों की एक लम्बी सूची है जिन्हें देखना और कभी-कभी छिपकरदेखना उन्हें अच्छा लगता है। वे मोरों की नृत्यलीन मुद्राओं को पेड़ की ओट से देखने का लोभ संवरण नहीं कर पाते—"मैं एक चोर की तरह पेड़ की ओट में हूँ/उनकी समूची देह अनूठे राग में विन्यस्त।" (वही, पृष्ठ सं. 16)। जीवन-जगत में रागात्मकता की प्रतिष्ठा के प्रति गहरी आकांक्षा ही है जो कवि के सौन्दर्य-बोध को भी बदल देती है। मंडलोई जी के मन में बचपन से जिन रंगों के

प्रति जुगुप्सा का भाव था अब वे ही उन्हें सृष्टि के जरूरी रंग लगने लगे हैं। इससे सौन्दर्य की अवधारणा बदली है और उसे एक नया आकार मिला है। यही कारण है कि मटमैले पत्थरों में केकेड़े से खेल में व्यस्त गोह की देह कवि को पहली बार आकर्षक लगी है—"वह बस डूबी थी अनोखे राग में/उसकी देह मुझे आकर्षक लगी पहली बार।" (वही, पृष्ठ सं. 44)। यही कवि दिन और रात के सन्धिकाल में पर्वत के पीछे नहीं बल्कि पर्वत पर आरूढ़ होता सूर्य देखता है और ठीक उसी क्षण मिथुन युगल एक नर चीता एक मादा पर तब उसका ऐन्द्र जालिक बिम्ब विधान अद्‌भुत प्रभाव उत्पन्न करता है। काम के उत्तप्त आवेग में मनुहार का यह दृश्य मानवीय मनुहार के प्रसंगों से कहीं अधिक मुखर और अनुपम है तभी तो कवि को अनुराग के इस पावन आलोक में मानव समाज का अन्धकार दिखता है—

''मादा अपना मनुहार भरा पंजा उठा रही थी
देखा मैंने उसने चूमा उसकी पीठ
और जैसे ही सूरज की तरह पहाड़ी की पीठ पे हुआ आरुढ़
हवायें बहने लगीं नये रंग-रूप और सज-धज में
रोशनी के उतरते झरने में
मैंने उस रोज अपना अंधकार देखा।"

(काल बाँका-तिरछा, पृष्ठ सं. 28)

मंडलोई की काव्य-चेतना में प्रेम के परम्परित प्रतीकों और मिथकों के लोक से सर्वथा भिन्न लोक की उपस्थिति देखी जा सकती है। बर्र जिसकी आक्रामकता के कारण बर्र के छत्ते में हाथ डालने की कहावत मशहूर हुई थी वही बर्र उनके यहाँ प्रेम का उदाहरण है—"मैने देखा उनका वह प्रेम/जो अपने बच्चों के लिए था/'जिसमें वे डूबे थे।" (पचास कवितायें-नयी सदी के लिए चयन, पृष्ठ सं 15)। साहित्य में दीमकों का वर्णन हुआ है लेकिन उनके उद्‌दाम प्रेम का जो वर्णन मंडलोई की कविता में है वह अन्यत्र दुर्लभ है। प्रेम में चिर लीन दीमकों के पंख उद्‌दाम आवेग में कब टूट गये इसका उन्हें पता नहीं लेकिन उनके जुड़े होने का विश्वास इतना अधिक है कि उड़ने के स्वप्न में भी जीवन की सिहरन महसूस होती है। कवि इस बोध को मृत्यु के ऐन सम्मुख जीवन का ज्ञान कहता है। 'पहली बारिश के बाद' शीर्षक कविता में भी पंख त्यागने का उल्लेख है लेकिन सिहरन और आलिंगन के मनोहारी दृश्य तथा समागम की सुखद समाधि की कल्पना अदभुत है और उसी के साथ जुडा यह आशा भाव भी—"अब खड़ा होगा/संतति के स्वागत में/मनोरम दीमक घर।" जाहिर है संतति सम्बन्धी यह प्रेम भले ही साहित्य के लिए कोई बड़ी घटना न हो लेकिन

एक बाघिन जिसके डुकरने से जंगल का मौन टूटता हो अगर वह बकरी के बच्चे को चुमकारे तथा उसे जीवन दान दे—"अकस्मात लपकती जीभ बाहर उभरी/बाघिन ने कुछ और संभावित क्रिया की जगह/बच्चे को चुमकारा और झमकाती अपनी आँखें/ एक छलांग में हुई दृश्य से बाहर।" (वही, पृष्ठ सं. 43)। तब उस प्रेम का आकलन किस रूप में होगा? कहीं ऐसा तो नहीं कि मंडलोई तुलसी की 'रहहिं एक संग गज पंचानन' वाली रामराज्यवादी दृष्टि से प्रेरित और प्रभावित हैं। यदि इसमें यत्किंचित सत्यता हो तो आज के बर्बर, नृशंस और असहिष्णु समाज के लिए यह एक बड़ा सन्देश होगा। जाहिर है प्रेम की तरंगे हिंसक को अहिंसक, कठोर को कोमल और निर्दय को सदय बनाती हैं। जब संसार क्रूरता और नृशंसता के दौर से गुजर रहा हो तब मानवेतर प्राणियों का यह प्रेम सृष्टि में सामजंस्य के साथ बहुत कुछ के बचे रहने के प्रति आश्वस्ति का भाव जगा सकता है। 'सिर्फ गिलहरी' कविता में मानव की निर्दयता का प्रमाण घोड़े की पीठ पर उमचतीं बेतों के खिलाफ चुप्पी के क्षणों में गिलहरी की सहानुभूति तथा प्रेम का बिम्ब अपने आप में एक बड़ा वक्तव्य है—"सिर्फ गिलहरी थी जो घोड़े के घावों के आस-पास घूम रही थी।" (वही, पृष्ठ सं. 50)। जिसे पढ़ना-समझना आज के मनुष्य के लिए बहुत जरूरी है।

पंडित माखनलाल चतुर्वेदी, भवानी प्रसाद मिश्र से लेकर लीलाधर मंडलोई तक और उसके पहले भी अनेक रचनाकारों की प्रेरणाभूमि सतपुड़ा है। मंडलोई के लिए वह अनुभव की पहली पाठशाला है—"मेरा जीवन सतपुड़ा का ऋणी है। कविताओं में और उससे बाहर भी। सतपुड़ा मेरे अनुभव की पहली पाठशाला है। इसमें जब भी लौटता हूँ कविता में नया हो उठता हूँ। मेरी ऐन्द्रिकता, रोमान और अध्यात्म सतपुड़ा के ही कारण हैं। सतपुड़ा के बाहर भी, वह बहुत हद तक सतपुड़ा है जब प्रकृति बोलीती है तो सतपुड़ा ही दुःखःसुख में बोलता है।" इससे यह समझना कठिन नहीं है कि मंडलोई के काव्य संसार में प्रकृति और प्राकृतिकता की इतनी उपस्थिति क्यों है? तथा सहज रागात्मक सम्बन्धों के उन्मेष की जमीन कहाँ है? और चिड़िया की देह की झुरझुरी तक को महसूस कर लेने की संवेदनीयता का स्रोत कहाँ है? वैसे तो मंडलोई के यहाँ भवानी भाई की 'सतपुड़ा के जंगल' सदृश कोई कविता नहीं है और न ही उसमें धँसने के लिए उस तरह का कोई आग्रह आह्वान फिर भी सतपुड़ा की बहुवर्णी आभा वाली कविताओं की कमी नहीं है। कई कविताओं में सतपुड़ा का वैभव विपुलता के साथ प्रकट हुआ है। आकाश में जब बादल उमड़ते-घुमड़ते हैं, हवायें जंगल में नाच करती हैं, पेड़-पौधे मस्ती में डोलते हैं और पक्षियों की आवाज का महारास चलता है तब कवि मन सतपुड़ा की घाटी की दिशा में उतरने

के लिए उत्प्रेरित हो उठता है। उस समय बारिश की आमद उसे अप्सरा का बोध कराती है। झन-झन करती पेड़ों से उतरती वर्षा मल्हार गाती सी लगती है और इस तरह वह दिन कवि के लिए उत्सवता का प्रतीक बन जाता है—"डूबा है उत्सव में यह दिन मेरा।' इतना ही नहीं उसका हृदय पुकार उठता है—'पिउ-पिउ-पिउ। 'स्वाद के अनन्तिम शिखर पर' कविता में भी कवि सतपुड़ा के जंगल में है और आनंद के वे ही साजो-सामान-नृत्यांगना सी नृत्यलीन बारिश, पक्षियों का मृदुल गान और हवा की लतीफ संगत लेकिन इनके अतिरिक्त भी बहुत कुछ है इसमें। जैसे आकाश से संवादरत बाँस के अनेक प्रकार जिनका लचीलापन प्रेमिका की तरह बाहों में झूलने की आतुरता से होड़ लगाता हुआ, सफेद स्फटिक सा वंशलोचन और बाँस के कोमल कल्ले का माधुर्य। रेस्ट हाउस में कवि महुए का फूलरस और बाँस के कल्ले का आदिम स्वीट डिश खाता हुआ स्वाद के अनन्तिम शिखर पर पहुँचता है और उस समय उसे रस में भीगा माँ का आँचल याद हो आता है—"रस के फूटते धारों से/भीग उठी थी आत्मा की अतल गहराई/मुझे याद आ रहा था माँ का रस में भीगता आँचल/(पचास कवितायें, नयी सदी के लिए चयन, पृ.सं. 64)।

इधर माँ पर कुछ बहुत अच्छी कवितायें प्रकाश में आयी हैं लेकिन उनके सरोकारों की दुनिया सीमित है। उनमें पारम्परिक ममत्व अधिक है जबकि मंडलोई की कविता में माँ के विभिन्न रूप हैं। कहीं अभाव-गरीबी से जूझती टकराती माँ का चित्र है तो कहीं बच्चों के पालन-पोषण की चिन्ता में हँसिया, कुदाल लिए संघर्ष करती माँ है। कहीं विपन्नता की चोटी पर सम्मान के साथ खड़ी अपने बच्चों के लिए सम्भावनाओं के सपने देखने वाली माँ है तो कहीं जीवन के अन्तिम क्षणों में गंगाजली पर आँखें टिकाये धर्म परायण माँ है। निराला के यहाँ पत्थर तोड़ने वाली युवती है तो मंडलोई के यहाँ अन्धेरी खानों में कोयला तोड़ने वाली माँ है—"वे बचे खुचे दिनों में/रखे रहीं उस कुदाल को/जिससे तोड़ा उन्होंने कोयला/पच्चीस बरस तक काली अन्धेरी खानों में।" (वही, पृष्ठ 105)। गरीबी का आलम यह कि कच्चे मकान में जब बारिश उतरती है तब—"परिवार इस प्रार्थना में जुटा/कि मूसलाधार न हो रात में/अगर इतनी ही बनी रहे/कि टप...टप...टन...झन...झन्ना। तो शुक्र ईश्वर का/अगर न हो देर रात वह/टप....टपा....टप...ठन्न....ठन...ठनाक...झन्न...झनाक/तो सो लेंगी बीमार माँ सुकून भरी नींद आज।" (वही, पृष्ठ 106)। इस कविता की खूबसूरती उसकी ध्वन्यात्मकता में है। छत से टपकती बूँदों की विभिन्न ध्वनियों की अनुकरण कला अनुपम है। इस कौशल के माध्यम से कवि यह अनुभव कराने में

सफल है कि बूँदें किस बर्तन में टपक रही हैं-पीतल की परात, अधकटा कनस्तर, बाल्टी, दालचीनी का मग, जर्मन की डेगची, अथवा प्लास्टिक के डिब्बे में। इस तरह की ध्वन्यात्मकता छायावादी कवियों के यहाँ मिलती है।

मंडलोई की कविता में माँ का एक रूप शिक्षिका का है जो "अक्सर बताती/कि पेड़ पौधों से प्रेम करो/उनमें मनुष्य सरीखा जीवन है।" (वही, पृष्ठ ९९)। लेकिन मौज में रहने वाली बाल-बुद्धि को सहज विश्वास नहीं होता तब उनका प्रैक्टिकल कराने का तरीका भी अजीबों गरीब—"अचानक काट ली एक चुटकी गाल पे/मैं जैसे चिहुँक उठा/प्यार से गाल को थपथपाकर फिर कहा/देखा जरा सी चुटकी से तुम्हें दर्द हुआ/ऐसा ही होता है पौधों के साथ/लेकिन वे तुम्हारी तरह बोल बता नहीं सकते/आओ और छुओ इस पौधे की पत्तियों को/मैंने डरते हुए छुआ पत्तियों को/और वे जैसे घबराकर बन्द हो गई तुरन्त/माँ की तरफ देखा मैंने अचम्भे से/कहा उसने 'यह छुई मुई है'।" (वही, पृष्ठ 100)। इसीलिए कवि की यह स्वीकारोक्ति निराधार नहीं है—"जंगल हमारी पाठशाला थी/जहाँ हम माँ के साथ होते/और प्रकृति को जानते/(वही) परम्परा और पीढ़ियों से आजमाये नुस्खों को सहेजने तथा प्रयोग करने वाली माँ का चित्र भी मंडलोई की कविता में है। अरण्डी के छोटे से वृक्ष की उपयोगिता आज की पीढ़ी को कहाँ मालूम है? वो तो माँ थी जो चिकित्सा से लेकर अँधेरे के विरुद्ध प्रकाश रचाने तक उसका सैकड़ों उपयोग जानती थी—"माँ कहती कि वह मनुष्य सेवा में निमग्न/एक दुर्लभ उदाहरण है दुनिया में/वह अब याद करती थी उसे/बिछड़े भाई की तरह/और ढूँढती फिरती थी हर उस शहर में/जहाँ जहाँ मेरा तबादला हुआ। (वही, पृष्ठ 102)। गूलर भी एक औषधीय पेड़ है। चोट लगने और खून बहने की स्थिति में गूलर की छाल कूट-पीस कर लगाने से खून बहना बन्द हो जाता है इसके बहाने कवि ने पिता को याद किया है—

"घाव पे लेप करते ही हुआ कोई चमत्कार
कि दौड़ पड़ी देह में एक ठंडक सी
और खून का बहना एकदम बन्द
मैंने धन्यवाद में की अपनी आँखें नत
और टिका के पीठ बैठ गया
याद आए पिता।" (काल बाँका-तिरछा, पृष्ठ 25)

मंडलोई की काव्य-प्रतिभा नवोन्मेषशालिनी है। लीक से अलग हटकर चलने में कवि को विश्वास है। इसीलिए पहली बार गौरेया, घरेलू मक्खी, बर्र, मोर, तीतर, तितली, गिरगिटान, चींटी, गिलहरी, कीट, परिन्दा तथा छुईमुई, अरण्डी, गूलर आदि

किसी काव्य-चेतना के विषय बने हैं। राष्ट्रीय उद्यान कान्हा भी 'एक बूढ़े की पीठ' और 'झपकी मेरी भी आँखें' आदि कविताओं में अपने पूरे वैभव के साथ उपस्थित है। इससे यह अनुमान लगाना कठिन नहीं है कि मंडलोई का प्रकृति और प्राकृतिक जीवन से कितना घनिष्ठ सम्बन्ध है? तथा उनके भीतर सृष्टि का विश्वबोध कितना गहरा है? उन्होंने स्वयं कहा है—"प्रकृति के रहस्यों को जानना, उसे बचाने की कोशिश भी है जो कदाचित मेरी कविताएँ करती होंगी....गहरे प्रेम और वेदना से उपजी इन कविताओं में कवि के मन को अगर आप पढ़ सकें तो प्रकृति की सिम्त लौटने का विचार जरूर बनेगा। अगर ऐसा कुछ हो पाया तो इनकी कोई भूमिका होगी, अन्यथा ये भी खो जायेंगी जैसे सृष्टि से बहुत कुछ धीरे-धीरे खत्म होता जा रहा है।" इसीलिए धरती से खत्म हो रहे पेड़ कवि की चिन्ता के विषय हैं—किशनगढ़ या पन्ना के अभयारण्य हों या अण्डमान तथा निकोबार द्वीपसमूह का कोई भूभाग—'लपलपाती कुल्हाड़ियाँ हैं हर तरफ'। यह एक गम्भीर समस्या है। इसका सम्बन्ध पशु-पक्षी और मानव सभी से है। पेड़ चाहते हैं कि वे बचे रहें ताकि बची रहे यह धरती किन्तु "दिल्ली की बन्द आँखों में/नहीं होती कोई भी हरकत जब/पेड़ों से टकपते हैं हर आँसू/पहुँचते सीधे समुद्र की आत्मा तक।" (पचास कवितायें-नयी सदी के लिए चयन, पृ.सं. 69)। समुद्र से उठकर वे आसमान में जाते हैं। बादल बनकर बरसते हैं ठूँठों पर ताकि कोई फुनगी फूटे और वह एक बार फिर कुल्हाड़ियों के खिलाफ खड़ी हो सकें बर्बर मानव सभ्यता के विरुद्ध यह एक नवीन कल्पना और उत्कट आशावाद है।

पेड़-पौधे एवं वनस्पतियों की रक्षा के लिए कवि पाठकों को आदिवासियों की आस्था और विश्वास की दुनिया में ले जाता है। जहाँ डोंगी बनाने के लिए पेड़ काटने से पहले दुख प्रकट किया जाता है—"दुःख में हैं हम सब और कचोट मन में/कि पेड़ तुम्हें काटना पड़ा/करते हुए कोमल पत्तों को जुदा।" बात यहीं नहीं खत्म हुई। डोंगी बनकर तैयार हो जाने पर भी प्रसन्नता का कोई भाव नहीं—"व्यथित थे सबके सब तब भी।" फिर उसके बाद समुद्र का विराट सीना चीरते हुए जब वे मछली और कछुओं का शिकार कर वापस लौटते हैं तो उसका पहला हिस्सा उस कटे बचे पेड़ को अर्पित करते हुए माफी माँगते हैं कि हमने तुम्हारा जीवन नष्ट किया। उनमें अपराध बोध इतना कि वे "रखेंगे सदैव ध्यान कि रखें डोंगी/बचे पेड़ के उसी कटे हिस्से के पास/कि वह महसूस कर सके/जुदा अंग का अपने पास होना।" (वही, पृ. सं. 72)। अद्‌भुत है—आदिवासी संसार/एक हम हैं कि अपने ही हाथों अपनी

दुनिया उजाड़ने में लगे हैं। 'समुद्र की प्रार्थना' कविता में उन्हीं आदिवासियों की प्रार्थना है जिसमें वे समुद्र से नाव, झोपड़ी, आग जलाने तथा तीर-धनुष बनाने की लकड़ी की सलामती की कामना करते हैं। 'गूलर का नया अनुवाद' कविता में कवि को लगता है कि चिड़िया की बोली की मिठास का कारण गूलर का मीठा होना है—

"वह एक नीले पंखों वाली सुन्दरी
उसकी चोंच गूलर के फल पे
शायद उसकी अद्‍भुत मिठास से मिलते ही
वह बोली इतनी मीठी बानी।" (काल बाँका तिरछा, पृ. 23)

अण्डमान की दुर्लभ जनजाति ओंगी का सबसे महत्त्वपूर्ण संस्कार समारोह है - तानागिरू। यह ओंगी के जवान सिद्ध होने पर आयोजित होता है। मंडलोई ने इसी शीर्षक से एक कविता लिखी है—"और संस्कारों से एकदम अलग है तानागिरू/ डुगांगक्रीक की सबसे बड़ी खबर है आज/कि अभी-अभी एक लड़का हुआ है जवान।" (पचास कवितायें-नयी सदी के लिए चयन, पृ.सं. 57)। अपनी जवानी सिद्ध करने के लिए युवक को बीस दिनों तक रोज अकेले जंगल जाना होता है और वहाँ से नुकीले दाँतों वाला खतरनाक सुअर मारकर लाना होता है—"उसके जीवन का अद्‍भुत समय है/कि होगा आरूढ़ शिकार के सीने पर/निकालता रक्त, जमाएगा खून के थक्के/और खायेगा आनन्द विभोर हो पहले-पहले।" (वही, पृ. 56)। इससे ओंगी समुदाय प्रसन्न हो विश्वास कर लेता है कि उसका एक और रक्षक मिल गया।

अपने समय और समाज की उपेक्षा कर कोई भी रचनाकार महान नहीं हो सकता। उसे अपने कालखण्ड को कविता में जीना ही होता है। मंडलोई की कविताओं में उनका वर्तमान अनेक रूपों में उभरा है। वह यथार्थ का अंकन भर नहीं है बल्कि मानवता के लिए सन्देश भी है। यह कार्य समकाल की इबारत पढ़े बिना सम्भव नहीं है। कवि दावे के साथ कहता है कि काले हरफों में लिखी इबारत या तो वह पढ़ सकता था या भारत सरकार। दूसरे लोग पढ़ने में अक्षम क्यों हैं? इसलिए कि उनके पास प्रतिक्रिया का साहस नहीं हैं। यथास्थितिवादियों को सब कुछ यथावत दीखता है। परिवर्तन की कोई आकांक्षा नहीं, कोई संघर्ष नहीं। कविता क्रान्ति नहीं करती लेकिन उसकी भूमिका तैयार कर सकती है लेकिन यह तब होगा जब वह अपने वर्तमान को ओढ़े-बिछाये। मंडलोई की कविता में प्रकृति और प्राकृतिकता है तो मनुष्य और उसकी समस्यायें भी हैं। उनकी कविता में आदिम समाज का यह चित्र अपने आप बहुत कुछ कहता है—"वहाँ सूरज का ताप था लेकिन बुझा/चिड़ियाँ थीं पस्त और बेदम। पेड़ थे अपनी जगह और पहचान खोते/पूर्वजों के अक्स जंगलों में

जगह-जगह लेकिन निर्जीव/तीर कमान थे अन्दर की अलगनी पर दम तोड़ते/ दूर-दूर तक करिन्दों की गस्त थी/हाँफते-भागते आदिम जन/महुआ, ताड़, यहाँ तक औरतें कब्जे से बाहर।" (वही, पृ. 85)। इस दशा के कारणों की पड़ताल कवि ने की है और पाया है कि "मची है लूट चौतरफ/जंगल ही नहीं/समूची धरती इस दायरे में।" इसे लूट कौन रहा है—बहुराष्ट्रीय कम्पनियाँ, ठेकेदार और माफिया। इस भयावह, काले धुस्स समय में एक आम आदमी कैसा महसूस करता है इसे कवि के अनुभव से जोड़कर देखना बेमानी नहीं होगा—"बकरी के जिबह होने से पहले की करुण चीख सा मैं।" (वही, पृ. 80)। एक अनजान-अज्ञात छाया का भय बहुत कुछ मुक्ति बोध की कविता 'अँधेरे में' की तरह। लगभग वही संशय और सन्नाटा। भाषा का स्थान संकेतों ने ले लिया है—"भाषा में नहीं संकेतों में पुकारते हैं लोग कि पुकारना मुश्किल।" (वही, पृ. 80)। अचीन्हे दृश्य के इस अबूझ संसार में अलग-थलग पड़े कवि को लगता है—"अब इस अन्धेरी सुरंग में हूँ अन्धकार बूझता।" (वही, पृ 81)। इसी अँधेरे समय में अनन्त इच्छायें हैं जो अपनी जगह खोजती फिरती हैं।

बाजारवाद की काली छाया से असम्पृक्त नहीं हैं—मंडलोई की कविताएँ। बाजार का भीषण आक्रमण 'घर' पर हुआ है। इसका परिणाम यह हुआ कि "पहुँच से दूर हुआ घर की पकड़ से बाहर सब।" (वही, पृ. 80)। जाहिर है—बाजार मात्र विनिमय की भाषा जानता है। उसके लिए संवेदनाओं का कोई महत्त्व नहीं होता। स्नेह, दया, सहानुभूति, नैतिकता आदि उसकी उपयोगिता की सूची में शामिल नहीं हैं। अर्थ बस अर्थ ही उसका ध्येय है और इसके लिए कोई भी मार्ग अनुचित नहीं है। धरती को धूसर, जंगल को वीरान तथा आकाश को लहूलुहान करने में भी उसे कोई संकोच नहीं है। यहाँ तक कि गाय-भैंस भी उसकी संवेदनहीनता के शिकार हैं। 'आपको क्यूँ नहीं 'दीखता' कविता इसका एक उदाहरण है—"कम दूध उतरने की स्थिति में ये क्रूर मालिक/घुसेड़ देते हैं छड़ी गर्भाशय में और/घुमाते हैं इस हद तक कि घनघोर पीड़ा हो/विश्वास है इनका कि इस मर्मान्तक क्रिया से/उतर आता है दूध थनों में मनवांछित।" काल बाँका-तिरछा, पृ. 92)। इतना ही नहीं हारमोन के हमले और आक्जीटोसिन के निर्मम प्रयोग देख कवि श्वेत क्रान्ति के जनक डॉ. पी.जी. कूरियन से पूछता है कि क्या यह सब आपको दीखता है, और नहीं, तो क्यों नहीं?

''मुझे इन सबके पीछे हो रही बर्बरतायें
दीख पड़ती हैं एकदम साफ
सामने हो रही क्रूरताएँ

हारमोन के हमले
आक्जीटोसिन के निर्मम प्रयोग
मैं पूछना चाहता हूँ डॉ. कूरियन
क्या आपको दीखता है यह सब
मुझे जो दीखता है, आपको क्यूँ नहीं दीखता डॉ. कूरियन?

(काल बाँका तिरछा, पृष्ठ 93)

आज का युद्ध केवल हथियारों से नहीं लड़ा जा रहा है। शत्रु को परास्त करने के लिए उसकी भाषा, उसकी संस्कृति को नष्ट करने की साजिशें भी रची जा रही हैं। मंडलोई की कविताएँ इसका न केवल प्रतिकार करती हैं बल्कि इससे निपटने का उपाय भी सुझाती हैं। 'चीटियाँ' शीर्षक कविता में कवि अमेरिका के घुसे चले आने के प्रतिरोध के लिए चीटियों जैसी एकजुटता, परिश्रम और तत्परता का आह्वान करता है—"अनधिकार घुसने नहीं देती/किसी को अपने इलाकों में/कर सकती हैं चीटियाँ जैसा/कर सकते हैं हम भी/देखो अमरीका घुसा आ रहा है जबरन।" (पचास कविताएँ-नयी सदी के लिए चयन, पृ. 28)। 'मन्त्र' कविता में कवि को इस बात का अफसोस है कि "घिरे हुए हैं हम अनेक दुश्मनों से/और रक्षा नहीं कर पाते।" इसका कारण यह है कि "हमने मधुमक्खियों से सीखा नहीं मन्त्र''। मन्त्र क्या है—अभेद्य रक्षा कवच और डंक का सही तालमेल।

मानव-स्वभाव पर व्यंग्य की दृष्टि से दो कवितायें विशेष उल्लेखनीय हैं—'कीट' और 'गिरगिटान'। भीख माँगने वाला मनुष्य कवि की नजर में कीड़े-मकोड़ों से भी गया गुजरा है। रंग बदलने वाले गिरगिट को भी शर्म आती है और वह इस बात का शुक्र मनाता है कि उसे मानव योनि नहीं मिली।

यद्यपि इस धरती पर बहुत कुछ अप्रत्याशित हो रहा है, बहुत कुछ मिट और सिमट रहा है फिर भी बहुत कुछ शेष है जिसे बचाया जाना चाहिए। मंडलोई की कविताएँ सहज और सधी हुई भाषा में इसी बचाव की प्रयत्नशीलता की उपज हैं। चुनौती भरी सदी के लिए ये एक सार्थक वक्तव्य हैं।

संजीव कुमार : पौराणिक सन्दर्भ-समकालीन विमर्श

समकालीनता की अभिव्यक्ति के लिए रचनाकार कभी-कभी अतीत की ओर भी झाँकता है। समानांतर घटनाओं-प्रसंगों का सहारा लेकर युगीन विसंगतियों एवं विडम्बनाओं की अभिव्यक्ति करता है। पौराणिक/ऐतिहासिक सन्दर्भों का कल्पना द्वारा संयोजन कर नवीन चिन्तन और नव्य भाव-बोध पैदा करता है। डॉ. संजीव कुमार की विराट काव्य-दृष्टि के केन्द्र में लगभग ये ही स्थापनायें रही हैं तभी तो उन्होंने उर्वशी, गुंजन, अंजिता, आकांक्षा, मेरे हिस्से की धूप, इंदुलेखा, ऋतुमयी, कोणार्क, तिष्यरक्षिता, यक्ष कथा, माधवी, अश्मा, वासवदत्ता जैसे तेरह प्रबन्ध काव्यों के पौराणिक/ऐतिहासिक कथा-प्रसंगों में वर्तमान जीवन को टटोलने तथा विसंगतियों और विडम्बनाओं के उद्‌घाटन द्वारा मनुष्यता के भास्वर स्वरूप को उपस्थित करने का प्रयत्न किया है। उनके पैंसठ से अधिक काव्य-संग्रहों पर दृष्टिपात करने पर उनके काव्य-चिन्तन और भाव-बोध की तीन दिशाएँ स्पष्ट परिलक्षित होती हैं-वैदिक एवं पौराणिक, ऐतिहासिक तथा वर्तमान जागतिक। इन दिशाओं में गतिमान उनकी कविता की संकल्पना 'बेहतर मनुष्य' और 'बेहतर समाज' की सिद्धि है। इसके लिए वर्तमान को अच्छा बनाने तथा समकालीन जीवन की विसंगतियों और विडम्बनाओं के तिरोधन के प्रयत्न की अपेक्षा होगी। इसी के संधान में संजीव कुमार ने पौराणिक/ऐतिहासिक मिथकों एवं चरित्रों को नव्यता-बोध के साथ देखने तथा उनकी सृष्टि करने की कोशिश की है। पौराणिक सन्दर्भों में समकालीन विमर्श उपस्थित किया है।

प्रबन्ध काव्यों की रचना के केन्द्र में संजीव कुमार ने अगर स्त्री पात्रों को रखा है तो इसलिए कि उन्हें स्त्री-जीवन सर्वाधिक समस्याग्रस्त दिखा है। सदियों से स्त्री के साथ अत्याचार हुआ है। उसे दबाया और कुचला गया है। उसकी इच्छाओं का मान मर्दन हुआ है। उसको समर्पित करने के लिए विवश किया गया है। उसे कल, बल और छल से भोगने की कोशिश हुई है। उसका न अपना कोई अस्तित्व और न ही कोई मनोरथ। स्त्री की दुर्दशा के कारणों की खोज तथा समाधान तलाशने के

उपक्रम में ही संजीव कुमार की दृष्टि उर्वशी, माधवी, अहल्या, अंजिता, तिष्यरक्षिता आदि पौराणिक/ऐतिहासिक स्त्री पात्रों पर गई है। सम्भव है कि ऐसा करने के पीछे उन्हें आन्दोलन का रूप ले चुके आज के स्त्री-विमर्श से प्रेरणा मिली हो। कहना न होगा कि आज हिन्दी साहित्य के मुख्य मुद्दों में एक मुद्दा स्त्री-विमर्श का है। आज जिस तीव्रता से स्त्री की भाग्य-रेखा बदलने के लिए विमर्शकारों की संख्या बढ़ रही है, वक्ष के पल्लुओं को जला डालने के लिए कविताएँ लिखी जा रही हैं, संतानोत्पत्ति को उत्पादन मानकर वेतन निर्धारित करने की वकालत की जा रही है, स्वतन्त्रता के नाम पर देह की स्वतन्त्रता की माँग उठ रही है उनसे स्त्री जाति का कितना भला होगा-यह कहना कठिन है किन्तु संजीव कुमार का स्त्री-विमर्श अतिवादिता से रहित पुरुष वर्चस्व की शिकार स्त्री की समस्याओं के मूल में जाकर सम्यक समाधान तलाशने का विमर्श है। प्रबन्ध काव्य 'माधवी' की माधवी द्वारा सम्पूर्ण नारी जाति की ओर से यह प्रश्न उठाने का विमर्श है कि पितृसत्तात्मक समाज में एक नारी को क्या मिला है—

> *"क्या मिला*
> *क्या मिला*
> *केवल भय*
> *केवल पीड़ा*
> *पौरुष का दम्भ*
> *अबला का तिरस्कार।"*

महाभारत के उद्योग पर्व में वर्णित कथा को आधार बनाकर संजीव कुमार ने 'माधवी' की रचना की है लेकिन यहाँ नायिका माधवी को उस रूप में नहीं उपस्थित किया गया है जैसा महाभारत में। जाहिर है सर्जना में काल-भेद तो आता ही है। संजीव कुमार की माधवी मुखर है। प्रश्न उठाती है। फिर भी पिता के निर्णय को स्वीकारने के लिए विवश होती है। पिता ययाति का निर्णय जानने के लिए 'माधवी' की कथा में प्रवेश करना होगा। विश्वामित्र के शिष्य गालव ने अपने गुरु से गुरुदक्षिणा माँगने का आग्रह किया। यह जानते हुए कि उनका शिष्य गालव निर्धन है विश्वामित्र ने उससे श्वेत वर्णी किन्तु श्यामाकर्णी आठ सौ घोंड़ों की माँग की। गालव याचक बनकर दानवीर ययाति के पास पहुँचकर घोड़ों की याचना करता है। ययाति के पास ऐसे घोड़े नहीं थे लेकिन वे अपनी दानवीरता की कीर्ति को धूमिल नहीं होने देना चाहते थे इसलिए वे पत्नी शर्मिष्ठा से मन्त्रणा कर पुत्री माधवी को गालव को

सौंप देने का निर्णय करते हैं ताकि अनिद्य सुन्दरी, अक्षत-यौवना के रूप में मुग्ध राजा गालव को घोड़े दे सकें। गालव माध्वी को लेकर कई राजाओं के पास जाता है और उनसे वांछित घोड़े प्राप्त करता है। माधवी एक वर्ष तक अयोध्या नरेश हर्यश्व की भोग्या और उसके पुत्र की माँ बनती है। फिर वह काशी नरेश दिवोदास तथा भोजपुर के राजा उशीनर के यहाँ एक-एक वर्ष तक उनकी काम पिपासा शान्त करती उनके पुत्रों की माँ बनती है। तीन राजाओं से गालव को दो-दो सौ के हिसाब से कुल छह सौ श्वेतवर्णी-श्यामाकर्णी घोड़े प्राप्त होते हैं। किन्तु अभी दो सौ घोड़े और प्राप्त करने हैं जिनकी आपूर्ति के बदले में माधवी विश्वामित्र को सौंप दी जाती है। इस तरह माधवी कइयों की भोग्या बनती है। वह वस्तु की तरह व्यवहृत होती है। स्त्री का वस्तु बन जाना उसकी नियति है अथवा अभिशाप-इस पर संजीव कुमार ने काफी गम्भीरता से विचार किया है। उन्होंने शर्मिष्ठा-ययाति-संवाद में शर्मिष्ठा द्वारा इस प्रश्न को उठाया है—

''आप की बेटी
कोई वस्तु है
जिसे पण्य में
बेच दिया जाये
या उपहार में
दे दिया जाये।''

ययाति का चरित्र दोहरा है। एक ओर वह स्वच्छन्द विचारधारा का समर्थक लगता है ("हे राजन! आप तो स्वच्छन्द विचारधारा के/वाहक हैं/तो दकियानूसी क्यों?") तो दूसरी ओर परम्परानुगामी एवं सांस्कृतिक मूल्यों की वकालत करता प्रतीत होता है। वह स्वयं काम-सुख के लिए अपने पुत्र से उसका यौवन माँग लेता है—(''याद कीजिए/उस पल को/जब आपने/अपने पुत्र से/उसका यौवन माँग लिया था/और अपना/बुढ़ापा दे दिया था।'') किन्तु अपनी पुत्री को वस्तु बनाकर दर-दर भटकने के लिए छोड़ देता है। यहाँ यह प्रश्न उठना स्वाभाविक है कि माधवी को तो पण्य बनने का प्रतिकार करना चाहिए था। उसमें क्रान्तिकारी विचारों का समावेश होना चाहिए था। किन्तु पिता ने कहा और वह चल दी राजाओं के यहाँ उनकी शर्तों पर बिकने। महाभारत में द्रौपदी भी तो वस्तु की तरह जुए में दाँव पर लगाई गई थी। पाँच पुरुषों की भोग्या थी। आज स्त्री के अधिकारों को लेकर भले नारीवादी संगठन विमर्श करने में लगे हों किन्तु स्त्री की स्थिति में बहुत सुधार नहीं हो सका है। पुरुष तरह-तरह के हथकंडों के द्वारा उसे वस्तु बनाने पर तुला हुआ है। नारी इसके विरोध

में खड़ी तो हो रही है लेकिन उतनी मुखरता नहीं है जितनी होनी चाहिए। माधवी के चरित्रांकन में संजीव कुमार ने भी क्रान्तिकारिता का कोई स्वरूप नहीं खड़ा किया है। वह विरोध अवश्य करती है लेकिन उसमें प्रखर ज्वाला की कमी है। उसमें वह आँच नहीं है जो पुरुष-वर्चस्व को भस्मीभूत कर सके। संजीव कुमार ने सम्भव है कथा के अनुशासन की रक्षा में उस प्रखरता को नहीं उपस्थित किया जो वर्तमान सन्दर्भ में अपेक्षित थी फिर भी उन्होंने काशीराज दिवोदास के यह पूछे जाने पर ("क्यों बालिके/तुम राजपुत्री ही हो न? /काम कला जानती हो/या केवल वनचारी ही थी/या आश्रम की बालिका/यज्ञ हवन करने वाली।") माधवी द्वारा व्यंग्यात्मकता के साथ यह कहलवाया है—

"कोई कैसे कहता है
यत्र नार्यस्तु पूज्यन्ते
रमन्ते तत्र देवता
यहाँ तो पण्य है
जहाँ नारियाँ और
नारियों की कोख
बेची जाती है
चाहे घोड़ों के प्रतिफल में
या स्वर्ण मुद्राओं में।"

संजीव कुमार ने सरोगेट मदर के रूप में आज नारी की कोख बिकते देखा है। पूँजीपतियों के हाथों लावण्य बिकते देखा है। यह भी देखा है कि किस तरह एक नारी को कंदुक बनाकर उससे खेला जाता है। सम्भव है वर्तमान जगत की इन विसंगतियों की पीड़ा संजीव कुमार को महाभारत के उद्योग पर्व में दिखी हो और उन्होंने माधवी के माध्यम से यह प्रश्न उठाया है कि एक स्त्री का मूल्य क्या कुछ स्वर्ण मुद्रायें हो सकती हैं अथवा उसके रूप-लावण्य के विनिमय के रूप में अश्व अथवा कोई वस्तु रखी जा सकती है? उन्होंने यह आश्चर्य भी प्रकट किया है कि एक स्त्री को कंदुक बनाकर उसके साथ खेलने की कीमत सिर्फ आठ सौ श्याम कर्ण अश्व!

"क्या उसको
कंदुक की तरह उछालेंगे
और खेलेंगे

क्या एक स्त्री का मोल
आठ सौ
श्याम कर्ण अश्व।''

बाजारवाद के इस संवेदनहीन समय में नारी या तो स्वयं अपने को प्रदर्शित कर रही है अथवा बाजार उसे प्रदर्शन की वस्तु बनाकर प्रस्तुत कर रहा है। संजीव कुमार इसे एक सामाजिक समस्या के रूप में देखते हैं। वे नारी को प्रदर्शन की वस्तु बनाये जाने का प्रतिकार करते हैं। उसका मूल्य लगाये जाने का विरोध करते हैं। इसीलिए वे माधवी के मुख से कहलवाते हैं—

''यह क्या हो रहा है मुनिकुमार
मेरी देह की
प्रदर्शनी की जा रही है
मूल्यांकन किया जा रहा है।''

पौराणिक स्त्री पात्रों में अहल्या की लोक-व्याप्ति सर्वाधिक है -उसमें भी उसका वह पक्ष जो उसके पाषाण होने एवं राम के चरण-स्पर्श से उद्धार पाने से सम्बन्धित है। इस प्रख्यात कथा को नवीन अर्थ-सन्दर्भ देते हुए संजीव कुमार ने 'अश्मा' प्रबन्ध काव्य की रचना की है। अश्मा यानी पत्थर। पाषाणी अहल्या पर काव्य-सृजन से पूर्व संजीव कुमार ने विधिवत शोध किया है जिसका उल्लेख इसकी भूमिका में है। उन्होंने शास्त्र और लोक तथा संस्कृत और अन्य भारतीय भाषाओं के साहित्य को खँगालकर युगानुरूप नवीन चेतना सम्पन्न 'अश्ना' का सृजन किया है। इसीलिए इसमें अहल्या के अधिकांश रचनाकारों की दृष्टि का समोवश तो है ही वर्तमान जगत की नारी विषयक चिन्ताओं का भी समावेश है। इस प्रबन्ध काव्य में संजीव कुमार ने ऐसे मूलभूत प्रश्न उठाये हैं जिनसे उनकी भूमिका एक स्त्री-विमर्शकार के रूप में दिखाई देती है। उन्होंने इसकी भूमिका में लिखा है—"अहल्या ऋषिवर से कहती है कि दण्ड के अधिकारी तो आप हैं जिसने एक कन्या को पाल पोसकर उसी से छलपूर्वक विवाह किया और उसके बाद पति धर्म का अधूरा पालन करते हुए उसे सदैव संतुष्ट नहीं रख सके और यदि पुरुषों को इस प्रकार के सम्बन्धों की अनुमति है तो नारी के ऊपर यह प्रतिबंध क्यों? यदि पुरुष एक पत्नीव्रत नहीं रह सकता तो नारी को एक पतिव्रता रहने का दायित्व क्यों?" यह एक गम्भीर प्रश्न है। पुरुष स्वच्छन्द आचरण करे तो भी वह अपराधी क्यों नहीं माना जाता?

"क्या कभी भी होता
नहीं पुरुष अपराधी
क्यों नारी सदा
जाये गलती से बाँधी।"

संजीव कुमार ने यह दर्शाने की कोशिश की है कि इन्द्र की विलास पीड़िता है—अहल्या। उसकी कामुकता की शिकार/अपराधी इन्द्र है लेकिन लांछिता और तिरस्कृता होती है—अहल्या एक स्त्री/समाज इन्द्र के अपराध की अनदेखी करता है लेकिन अहल्या को उसका पति चरित्रहीन कहता है। उसके आचरण की बखिया उधेंड़ी जाती है, समाज उसकी निन्दा करता है। वह पाषाण बना दी जाती है। आज भी न जाने कितनी ही अहल्याओं का जीवन नरक बनाकर सामर्थ्यशाली इन्द्र समाज में सम्मान पाते घूम रहे हैं। अहल्यायें उस पाप का दण्ड भोग रही हैं जो उन्होंने किया ही नहीं। संजीव कुमार ने इन विसंगतियों और विडम्बनाओं का पर्दाफाश किया है। उन्होंने अहल्या के माध्यम से अनेक समसामयिक प्रश्न खड़े किये हैं—

"क्यों सदा आग में
जले नियति से नारी।
क्यों सदा रहे
आँसू की भी अधिकारी।।
क्यों वही परीक्षा देती है
हर युग में।
क्यों अबला है वह
पुरुष सदा से प्रभु है।।
क्यों भरी वेदना से
सदैव जीती है
क्यों वही सदा
अपने आँसू पीती है।"

अहल्या से सबंधित बिखरे कथा-सूत्रों एवं लोक व्याप्त जनश्रुतियों का संजीव कुमार ने कल्पना के सहारे इस तरह संयोजन किया है कि वह वास्तविक लगता है। सच प्रतीत होता है। रचनाकार की सफलता इसी में होती है कि उसकी कल्पना कल्पना न लगकर सत्य का आभास कराने वाली हो। यथार्थ लगने वाली हो। 'अश्मा' की सिद्धि इसी तरह की है। उसमें नवीन चेतना और नवीन दृष्टिकोण की सम्मिलिति

भी कल्पनाजन्य प्रतीत नहीं होती। संजीव कुमार ने कई रचनाओं और लोकचेतना में प्रविष्ट तथ्यों को कुछ नया मोड़ दिया है जैसे इन्द्र की अपेक्षा उन्होंने गौतम को छली और अपराधी सिद्ध करने की कोशिश की है। अहल्या गौतम की पालिता थी। फिर उसी से विवाह। यह विडम्बना नहीं तो और क्या है? 'अश्मा' की अहल्या पूछती है—

"ऋषिवर तुमने पाला था मुझको
फिर प्रणय सूत्र में बाँधा क्यों?
तुम पिता सदृश होकर भी
हमको पत्नी का पद साधा क्यों?"

यह पुरुष की कामुकता अथवा लंपटता ही है जो उसे अपनी पालिता को भोग्य बनाती है। गौतम के मन में यह द्वन्द्व उत्पन्न भी होता है—

"जिस कन्या को अब तक पाला था
होकर पिता सदृश
क्यों मचल उठा था मन,
पद पायें उसके वर को।"

इस मनस्ताप के बावजूद गौतम अहल्या से विवाह करते हैं। दोनों की उम्र में काफी अन्तराल है। शरीर विज्ञान के अनुसार प्रेम-संतुष्टि प्रदान करने में आयु का आधिक्य बाधक है। आधुनिक विमर्श में दैहिक तृप्ति को प्रमुखता दी गई है लेकिन अहल्या उसको पाने में असमर्थ है क्योंकि इसमें गौतम का शरीर साथ नहीं देता/ अहल्या इन्द्र के साथ सहवास के क्षणों में यह अनुभव करती है—

"गौतम के संग
यह सुख सदैव आधा था
वह भले तपस्वी थे
पर तन बाधा था।"

संजीव कुमार ने गौतम-अहल्या के विवाह को अनमेल विवाह की जटिल समस्या के रूप में प्रस्तुत किया है। एक अनिद्य सुन्दरी युवती जिसका रूप जाल देव, मनुज, गन्धर्व किसी को भी अपनी ओर आकृष्ट करने वाला हो वह पिता समान व्यक्ति के साथ संतोष का अनुभव कैसे कर सकती है? उसके मन में अतृप्ति का भाव तो जाग्रत होता ही होगा। कामजन्य अंधत्व की ओर वह भी तो बढ़ती होगी क्योंकि काम का प्रभाव ही ऐसा है—"यह काम/सभी को अंधा कर देता है/वासना शिराओं में/ यूँ भर देता है।" उधर इन्द्र है कि "उन्नत भाल/पीन-सी चिबुक/चन्द्र आनन/कोमल

कपोल/सुन्दर ग्रीवा/मांसल सुन्दर सी/गोल-गोल/कोमल स्कंधों पर/वसन भार/बाहें मृणाल सी/मृदुल-मृदुल/और पीन पयोधर। ऊर्ध्वमुखी/साँसे तल में/चचंल चंचल।" वाली सुन्दरी पर मुग्ध और आसक्त है। वह अहल्या से प्रेम की याचना करता है। उस पर अधिकार चाहता है—

''मैं देवराज पागल हूँ
प्यार चाहता हूँ।
कुछ पल का मैं तुम पर
अधिकार चाहता हूँ।''

एक ओर वृद्ध पति दूसरी ओर प्रेम का याचक इन्द्र। अहल्या बेचारी क्या करें? अगर वह उसकी ओर आकर्षित होती है तो इसमें उसकी शारीरिक तृप्ति की माँग का ज्वार ही प्रबल है जो अनमेल विवाह की उपज है। संजीव कुमार ने इसी को आधार बनाकर अहल्या को निरपराध साबित करने की कोशिश की है। उन्होंने अनमेल विवाह की समस्या का प्रश्न अपने प्रबन्ध काव्य 'तिष्यरक्षिता' में भी उठाया है। तिष्यरक्षिता अनिद्य सुन्दरी और अतिशय कामुक थी जिसकी कामना-पूर्ति में सम्राट अशोक की आयु बाधक थी जिसके परिणाम स्वरूप उसका अपने समवयस्क कुणाल की ओर आकर्षित होना अस्वाभाविक नहीं था। जाहिर है एक स्त्री में यदि सौन्दर्य एवं यौनिकता हो तो वह प्राय: अन्तरमन से कामुक होती है। ऐसे में अगर उसकी वासना की तृप्ति नहीं होती तो वह विवाहेतर सम्बन्धों की ओर उन्मुख हो जाती है। तिष्यरक्षिता के साथ यही हुआ था और अहल्या के साथ भी। संजीव कुमार ने प्रेम की इस समस्या पर बहुत गम्भीरता से विचार किया है। उन्होंने अहल्या के माध्यम से यह प्रश्न उठाया है—

क्यों प्रणय निवेदन
नहीं कर सके नारी
क्यों पति की अक्षमता से
जाये मारी।।''

संजीव कुमार ने अपने काव्य-चिन्तन की परिधि में बलात्कार की समस्या को भी रखा है। आज बलात्कार की घटनायें जिस तीव्रता से बढ़ी हैं उसकी ओर एक संवेदनशील कवि का ध्यान जाना अस्वाभाविक नहीं है। बलात्कार पुरुष करता है लेकिन वह अभिशाप नही माना जाता—"अभिशाप कभी/क्या नर को सुना है कोई/

पर छली गई/नारी ही पल-पल कोई।" दूसरी ओर स्त्री है जो विवश हो सभी दण्ड भुगतने के लिए बाध्य होती है—"कोमल कुसुमों सी नारी/दण्ड भुगतती/बेबस हो जाती/सारी उसकी शक्ति।" बलात्कार समाज के लिए कोढ़ है। स्त्री की कोमलता का उपहास है। कुंठित पौरुष का अहंकार है जिसके कारण एक नारी बलात्कृता होती है। संजीव कुमार की अहल्या यह पूछती है—

''क्या बलात्कृता नारी से
पूछा जाता
क्या बलात्कार
किंचित भी उसको भाता।
क्या नहीं अस्मिता कोई भी
नारी की।
क्या नहीं पक्षधर कोई
सुकुमारी की।''

नारी की अस्मिता आज स्त्री-विमर्श के वाद-विवाद-संवाद के केन्द्र में है। आधी आबादी के मान-सम्मान और स्वाभिमान के अनेक प्रयत्न हो रहे हैं। संजीव कुमार ने अपने प्रबन्ध काव्य 'अश्मा' में नारी की प्रतिष्ठा हेतु नवीन उद्‌भावना करते हुए श्रीराम द्वारा अहल्या के पाँव छूने का वर्णन किया है जबकि अन्यत्र अहल्या द्वारा राम के चरण-स्पर्श का उल्लेख है। राम अहल्या को पावन मस्तक का चन्दन मानते हैं। उसे मातु कहकर संबोधित करते हैं—

''रघुवर ने आगे बढ़कर
चरण स्पर्श किया।
'मैं राम मातु' कहकर
जीवन सार्थक किया।''

प्रेम में डूबकर ही प्रेम को साधा जा सकता है। इसी अर्थ में प्रेम जीवन का गीत बनता है। प्रेम की भटकन अनेक विसंगतियों को जन्म देती है। उच्छृंखलता जीवन-सौन्दर्य को नष्ट करती है। आज प्रेम में समाहित अनाचार और स्वार्थ-सिद्धि की कामना ने जीवन को नरक बना दिया है। सम्भवत: इन्हीं विसंगतियों और विडम्बनाओं से मुक्ति का विधान तलाशते हुए संजीव कुमार का ध्यान 'कोणार्क' प्रबन्ध काव्य की रचना में प्रवृत्त हुआ होगा। उन्हें कोणार्क मन्दिर का प्रमुख शिल्पी विशु पत्थरों

में प्रेम का गीत लिखने वाले के रूप में दिखाई दिया तो इसलिए कि उसने प्रेम को जिया था। प्रेम में डूबे बगैर पत्थर पर प्रेम को उतारना विशु के लिए सम्भव नहीं था। कवि स्वयं उससे पूछकर उसके प्रेम की गहराई जानना चाहता है—

"कितना अगाध होगा
तुम्हारा वह प्रेम
और कितना गहन होगा समर्पण
जिसके गीत लिख डाले तुमने
इन भव्य कलाकृतियों में
जो अब सूर्य मंदिर कम
और प्रेम का मंदिर
अधिक लगता है।"

डॉ. संजीव कुमार जीवन में प्रेम की सरसता के आकांक्षी हैं। इसी बल पर मानव की श्रेष्ठता की कल्पना के साकार होने का उन्हें भरोसा है। उनकी विराट काव्य-प्रतिभा इसी की सिद्धि के लिए संकल्पित है।

अनामिका : स्त्रीवाद का कविता से सार्थक गठबन्धन

कविता को बचपन की सहेली मानने वाली अनामिका ने यथा स्थान एंड्रीन रिच, मार्च पियर्सी तथा सहस्त्रों एशियाई-अफ्रीकी कवयित्रियों को सन्दर्भित करते हुए कहा है कि उन्होंने स्त्रीवाद का कविता से सार्थक गठबन्धन सम्भव किया है। अनामिका की स्वयं की लगातार कोशिश भी यही रही है। उनका स्त्रीवाद पुरुष वर्चस्व को नकारता है लेकिन पुरुषों से संघर्ष की अपेक्षा पितृसत्ता से संघर्ष का आग्रही है। उनका स्पष्ट कहना है कि—"स्त्रीवाद की जो अवधारणा है, वहाँ लड़ाई पुरुषों से नहीं, पितृसत्ता से है। समाज में बहुत सारे सुसंस्कृत पुरुष भी हैं जिनमें स्त्रियों के गुण मिलते हैं, मगर जिन पुरुषों में पितृसत्तात्मक पूर्वाग्रह हैं, उन्हें महज दुत्कार देने से बात नहीं बनेगी। प्रेम की ताकत से उनके 'मसृण' को उभारा जा सकता है। जैसे कालिख लगे बर्तन को हम परिश्रम से माँजते हैं, वैसे ही मन भी मांजा जा सकता है। किसी भी पूर्वाग्रह को धीरज से धोने की जरूरत होती है और निःसन्देह प्रेम का असर घृणा से अधिक होता है। पितृसत्तात्मक समाज में स्थिति यह है कि स्त्री अपने होने के लिए क्षमाप्रार्थी है। यह गैर बराबरी दूर हो, स्त्रीवाद की यही सार्थकता है।" (अनामिका एक मूल्यांकन-सं. अभिषेक कश्यप, पृष्ठ सं. 444)। अनामिका का स्त्रीवादी चिन्तन जिस तरह 'मन माँजने' और घृणा की अपेक्षा प्रेम को असरदार बताने में विश्वास रखता है लगभग वही दृष्टिकोण महादेवी वर्मा का भी रहा है। पुरुष और स्त्री के बीच सन्तुलन और सामंजस्य की वकालत महादेवी भी करती हैं और अनामिका भी। गैर बराबरी दूर करने की अभिप्सा दोनों की है। स्त्री की वेदना, करुणा और दुःख को जिस तरह महादेवी वर्मा अपनी कविता से जोड़ती हैं लगभग उसी तरह का सघन जुड़ाव अनामिका के यहाँ भी है। या यों कहें कि उसका विस्तार अनामिका की कविताओं में देखने को मिलता है।

स्वतन्त्रता की अतिवादी परिधि में आज का स्त्री-विमर्श जिस तरह स्वच्छन्दता और उच्छृंखलता को बढ़ावा दे रहा है उससे 'परिवार' नामक संस्था को खतरा पैदा

हो गया है। देह की स्वतन्त्रता की माँग ने आचरण की शुचिता के लिए भी एक गम्भीर समस्या खड़ी कर दी है जिसका असर भी 'परिवार' पर ही पड़ रहा है। अनामिका का स्त्री-विमर्श 'परिवार' पर किसी तरह के आँच का समर्थन नहीं करता। 'घर न खोये लघु विहग भी' की कामना महादेवी वर्मा के यहाँ भी है। जाहिर है-समात्मक भावना तथा रागात्मक अनुभूति की तीव्रता में ही परिवार फलता-फूलता है। घर, घर बनता है। अनामिका स्त्री और पुरुष के बीच अधिकारों की समानता तो चाहती हैं लेकिन वे ऐसे किसी भी विचार को प्रश्रय नहीं देती जिससे परिवार विखण्डित हो। वे स्त्री और पृरुष के बीच संघर्ष को उस रूप में अर्थापित नहीं करतीं जिस तरह दो वर्गों के संघर्ष को देखा-समझा जाता है। जाहिर है दो वर्गों के संघर्ष में हित भावना अलग-अलग होती है जबकि स्त्री-पुरुष के संघर्ष में हित निकाय की भिन्नता नहीं देखी जाती। अनामिका मानती हैं कि—"स्त्री और पुरुष की लड़ाई की तरह हित-निकाय अलग-अलग नहीं होते। दोनों का हित-निकाय ही होता है-परिवार। मानवता की इतनी लम्बी यात्रा के बावजूद कम से कम तीसरी दुनिया के देशों में, सामाजिक व्यवस्था की मूल इकाई अभी तक स्त्री और पुरुष दोनों के लिए उनका परिवार ही है, जिसमें कम से कम उनके बच्चे तो शामिल हैं ही। उनके हित-निकाय से बहुत अलग उनका कोई स्वतन्त्र हित-निकाय हो ऐसा प्रायः नहीं देखा जाता।" (हंस, जनवरी-फरवरी 2000 'हम पुरबिया औरतें और हमारा स्त्री-विमर्श', पृष्ठ 43)। कहना न होगा कि अनामिका परिवार और बच्चों के बारे में गम्भीरता से विचार किये बिना स्त्री-विमर्श को अधूरा मानती हैं। यही कारण है कि उनके यहाँ परिवार में स्त्री की पहचान के लिए जो संघर्ष है उसमें बच्चों की भूमिका महत्त्वपूर्ण है। 'खुरदरी हथेलियाँ' के 'दुधकट्टू' और 'दूबधान' संग्रह के 'बाल भिक्खु' की कविताओं में जो मातृ वत्सलता है वह परिवार की इकाई को संपुष्ट करने की दृष्टि से भी ध्यान आकर्षित करती है। इसीलिए अनामिका उन विमर्शकारों से थोड़ा भिन्न दीखती हैं जिनके स्त्री-विमर्श में परिवार और बच्चों के लिए कोई खास जगह नहीं है।

छात्र-जीवन में ही अनामिका के तीन काव्य-संग्रहों—'शीतल स्पर्श एक धूप को', 'गलत पते की चिटठी' और समय के शहर में' का प्रकाशन कविता के प्रति उनके आकर्षण को दिखाता है। इनमें पहले दो से तो नहीं किन्तु तीसरे संग्रह से उनके समूचे काव्य-विकास का सच्चा तथा प्रामाणिक ग्राफ प्रस्तुत होने लगता है जो आगे चलकर 'बीजाक्षर', 'अनुष्टुप', 'खुरदरी हथेलियाँ', 'कविता में औरत' तथा 'दूब-धान' आदि तक पहुँचते-पहुँचते और प्रौढ़ता तथा परिपक्वता को प्राप्त होता है। उन्होंने पर्याप्त गद्य-लेखन भी किया है जिसमें स्त्री अस्मिता की तलाश और उसके

अधिकारों के प्रति संघर्ष तक जाने की वकालत है। स्त्री संवेदना की सघन अनुभूतियों से निर्मित अनामिका की कवितायें न केवल हमारा ध्यान आकृष्ट करती हैं बल्कि नारी की वेदना और पीड़ा जनित भावनायें अन्तर्जगत को गहरे तक आन्दोलित भी करती हैं। उनकी 'अनुवाद' शीर्षक कविता में एक नारी के दैनिक जीवन के संघर्ष और पीड़ा का जो सांकेतिक चित्रण है वह अपनी संरचना में अत्यन्त सघन और कथ्य में विडम्बनापूर्ण है—

''इस 'खाली' समय में
बहुत काम हैं।
अभी मुझे घर की उतरनों का
अनुवाद करना होगा
जल की भाषा में,
फिर जूठी प्लेटों का
किसी श्वेत पुष्प की पँखुड़ियों में
अनुवाद करूँगी मैं
फिर थोड़ी देर खड़ी सोचूँगी
कि एक झाग भरे सिंक का
क्या मैं कभी कर सकूँगी
किसी राग में अनुवाद।''

अनामिका के अनुभव-संसार में स्त्री-जीवन की केन्द्रीयता की जो छवियाँ हैं उनमें ग्राम और नगर दोनों की मौजूदगी है। एक करुणामयी संवेदनशील स्त्री की नजर में जो भी विडम्बनापूर्ण है उसे उभारने में ही उनके कवि-कर्म की सिद्धि है। अभावग्रस्त, पीड़ित और दंशित के पक्ष में खड़े होकर उन्हें न्याय दिलाने में मददगार बनने में ही वे कविता की भूमिका का रेखांकन करती हैं। वे अपने आत्मकथ्य में लिखती हैं—"वास्तविक जीवन-जगत के चरित्र हों या क्लासिकों के चरित्र, मेरी कल्पना के स्थायी नागरिक वही बनते हैं, जिन्हें कभी न्याय नहीं मिला, जो हमेशा लोगों की गलतफहमी का शिकार हुए, दुनिया ने जिन्हें कभी न प्रेम दिया, न मान। भीतर से वे जितने अगाध होते, उतने ही अकेले।" (आत्मकथ्य=कवि ने कहा, पृष्ठ 5)। यही कारण है कि उनके काव्य-संग्रह 'खुरदरी हथेलियाँ' में स्त्री के आँसू और विद्रोह दोनों की विद्यमानता है। 'मौसियाँ' और 'छप्पर की मालायें' कविताएँ उस पीढ़ी की व्यथा-कथा प्रस्तुत करती हैं जो अपने दु:खों को नियति मान चुकी हैं तथा उनसे मुक्ति का उपाय कर्म-तल्लीनता और पारिवारिक उल्लास में ढूँढती हैं—

"चटनी-अचार-मूँगबड़ियाँ और बेस्वाद सम्बन्ध
चटपटा बनाने के गुप्त मसाले और नुस्खे
सारी उन तकलीफों के जिन पर
ध्यान भी नहीं जाता औरों का
आँखों के नीचे धीरे-धीरे
जिसके पसर जाते हैं साये
और गर्भ से रिसते हैं जो महीनों चुपचाप
खून-से, आँसू-से
बचपन के आसपास के अकेलेपन के
काले-कत्थई उन चकत्तों का
मौसियों के वैद्यक में
एक ही इलाज है—
हँसी और काली पूजा और मुहल्ले की
अम्मागिरी।" (खुरदरी हथेलियाँ, पृष्ठ 21-22)

संवेदनशीलता के कलात्मक संयोजन एवं नारी-जीवन के जीवन्त दस्तावेज के रूप में अनामिका के काव्य-संग्रह 'खुरदरी हथेलियाँ' का अपना वैशिष्टय है। यह कवयित्री के काव्य-कौशल के विकास की दृष्टि से भी महत्त्वपूर्ण है और जीवन-जगत की विडम्बनाओं के उभार की दृष्टि से भी। इसकी 'स्त्रियाँ' कविता पुरुष सत्ता की उस नृशंसता को दृढ़ता के साथ उजागर करती है जिसमें नारी मात्र भोग्या समझी जाती है लेकिन जब वह प्रतिकार स्वरूप अपने इंसान होने का बोध कराना चाहती है, स्त्री-पुरुष के समान अधिकारों की बात करती है, मनुष्यता की दुहाई देती है तब उसे लांछित किया जाता है, दुश्चरित्रा कहा जाता है—

"दुश्चरित्र महिलाएँ, दुश्चरित्र
महिलाएँ
किन्हीं सरपरस्तों के दम पर फूली-फैली
अगरधत्त जंगली लताएँ
खाती-पीती, सुख से ऊबी
और बेकार बेचैन, आवारा महिलाओं
का ही
शगल हैं ये कहानियाँ और कविताएँ

फिर ये उन्होंने थोड़े ही लिखी हैं
(कनखियाँ, इशारे, फिर कनखी)
बाकी कहानी बस कनखी है। (वही, पृष्ठ 14)

स्त्री-पुरुष सम्बन्धों में सहकार के पक्ष में खड़ी अनामिका पुरुषों को जब कठघरे में खड़ा करती हैं तब उनकी तर्क-क्षमता और प्रतीकी-कौशल देखते ही बनता है। उनके भीतर का आक्रोश लावा बनकर नहीं फूटता बल्कि मृदता के आवरण में सवाल बनकर उभरता है। अनामिका के यहाँ सवाल बहुत हैं लेकिन उनमें अतिवादी स्त्री-विमर्श जैसी तल्खी, नग्नता और फूहड़ता नहीं है। उनकी एक महत्त्वपूर्ण कविता है 'पतिव्रता' जो एक स्त्री की अत्यन्त मार्मिक व्यथा-कथा है। अन्त में कवयित्री की टिप्पणी है—"क्या एक जलेबा बुआ हम सबके भीतर है? अब हम उनका क्या करें?" लोक और स्त्री जीवन की अनुभूति का जैसा सम्मिश्रण इस कविता में है वैसा अन्यत्र दुर्लभ है। स्त्री की आन्तरिकता को अपदस्थ करके उसे 'पालतू' बना देना और फिर उसे 'पतिव्रता' की संज्ञा देना नारी जीवन की सबसे बड़ी त्रासदी है जिसे जलेबा बुआ जैसी न जाने कितनी स्त्रियों को झेलना पड़ता है। भय का वातावरण ऐसा है कि—"स्वामी जहाँ नहीं भी होते थे/होते थे उनके वहाँ पंजे।" (वही, पृष्ठ 27)। पंजों की यह अदृश्य शक्ति नारी के भीतर की प्रतिरोध-क्षमता को नष्ट कर देती है जिसका परिणाम उसे 'पालतू' बना देता है। पालतू हो जाने पर "गुस्सा नहीं आता/मन मुलायम रहता है/जैसे कि बरसात के बाद/मिट्टी मुलायम हो जाती है कच्चे रास्ते की।" (वही, पृष्ठ 29)। भय के अतिरेक में मन मुलायम होने के अलावा चारा ही क्या है—"घर में घुसते ही/जोर से दहाड़ते थे मालिक और एक ही डाँट पर/एकदम पट्ट/लेट जाती थीं वे/दम साधकर/जैसे कि भालू के आते ही/लेट गया था/रूसी लोककथा का आदमी/सोचता हुआ कि मर लेते हैं कुछ देर/मरे हुए को भालू और नहीं मारेगा।" (वही, पृष्ठ 27)। जूलियस सीजर के इस कथन को याद कर कि 'बहादुर एक बार मरता है और कायर रोज-रोज मरते हैं' वह अपने भीतर की कायरता को झटककर फेंक देना चाहती है लेकिन वह ऐसा कर नहीं पाती और मरती हुई सोचती है—

''चिड़िया ही होना था तो शुतुरमुर्ग क्यों हुई मैं
सूँघनी ही थी तो कोई लाड़ती लता मुझे सूँघती
यह क्या कि सूँघा तो साँप।''

(वही, पृष्ठ 28)

यातना और तिरस्कार नारी-जीवन के अभिन्न अंग बन गये हैं। पुरुष-सत्ता वाली दुनिया में पुरुष ने स्त्री को जो गूँगापन पुरस्कार में दिया है उसमें कमी होती नहीं दिखाई देती भले ही स्त्री विमर्शकार कितना ही छाती पीट लें। स्त्री का यह गूँगापन पुरुष की बर्बरता को और बढ़ा देता है। स्त्रियाँ भले ही डाइटिंग करती रहें लेकिन खाने के लिए उन्हें गालियाँ मिलती ही रहती हैं। अनामिका इस विडम्बना को व्यंग्यात्मक धरातल पर प्रस्तुत करती हैं कि स्त्रियों में 'गालियाँ सुन लेने का शील' विकसित हो रहा है। गोलगप्पों का स्थान स्त्री जीवन में प्रसन्नता या मस्ती के अवसर की तरह रहा है लेकिन कवयित्री ने उसकी तुलना गाली और मारपीट से की है—"वैसे तो रहती हैं शाश्वत डायटिंग पर स्त्रियाँ/पर गालियाँ खाने में उनका नहीं है जवाब/गोलगप्पों की तरह गपागप/गाल फुलाकर, सिर झुकाकर/घोंटती हुई थूक/नाक-आँख से पानी/इमली का छलकाती/खाये ही जाती हैं/शाम से सुबह तक/खूब मिर्चीदार गालियाँ/ऊपर से थप्पड़, घूँसे, डाँट, ताने-बोनस में/बाई वन, गेट वन फ्री/और ज्यादातर तो सैम्पल में मुफ्त बँटी-/बस यों ही!/जैसे कि फाइव स्टार के संग पेप्सी/वैसे ही गाली के संग घूँसे/क्या फर्क पड़ता है जी!/बचपन से यही सीखते आये हैं/फूलों के संग होते हैं काँटे/दुधारू गाय की लताड़ भली/रोटी जो देता है-/गोलगप्पे भी खिला देगा कभी/तो क्या-है न जी/है न जी।" (दूब-धान, पृष्ठ 77)। बेचारी स्त्री की नियति बन गई है-गाली सुनना। अनामिका की एक कविता है- 'अभ्यागत' जिसमें उसे रोज घर से निकाला जाता है और वह फिर से केचुँए की तरह फैल जाती है। उनकी दृष्टि में स्त्री कागज के टुकड़े-सी तिरस्कृत है। ठसाठस भरी हुई बस में सस्ते कैसेट के फिल्मी गाने की तरह वह निस्सार है। कहीं वह उजड़े घोंसले के काँपते तिनके की तरह है तो कहीं अँधेरे में खाली टार्च के समान। कहीं वह बिना स्याही की कलम सी दिखती है जिससे रेखाएँ नहीं खिंचती। इस तरह नारी-दुर्दशा के जितने कारुणिक चित्र अनामिका की कविताओं में मिलते हैं उनमें स्त्री-विमर्श के साथ-साथ समकालीन जीवन का विमर्श भी है। समकालीन संवेदना की मुखर वक्ता के रूप में उन्हें प्रतिष्ठित करने वाली ये कवितायें नारी-जीवन का यथार्थ दस्तावेज भी हैं।

अनामिका में स्त्री-अस्मिता की चेतना है और अपने संसार के प्रति जागरूकता भी। अलग-अलग जीवन-दृश्य मिलकर उनकी कविता का एक बड़ा परिसर निर्मित करते हैं। समाज में स्त्री की दशा का जो उनका अनुभव है उसमें सामाजिक सत्य भी है और व्यक्तिगत सत्य भी। जाहिर है सामाजिक सत्य में व्यक्तिगत सत्य को

समाहित किये बगैर कोई रचना प्राणवान नहीं होती। भतृहरि ने 'नीतिशतक' में लिखा है कि केश, दाँत एवं नाखून जब तक अपने पास रहते हैं तभी तक अच्छे लगते हैं अनामिका ने उसी तर्ज पर लिखा है—

''अपनी जगह से गिरकर
कहीं के नहीं रहते
केश, औरतें और नाखून
अन्वय करते थे किसी श्लोक का
हमारे टीचर।" (बेजगह, पृष्ठ 11)।

घर के भीतर और बाहर नारी के लिए जगह नहीं है। वह बेजगह है। अनामिका प्रश्न करती हैं कि नारी के लिए जगह कहाँ है? और जिसकी जगह नहीं है उसे अपनी जगह से सटे रहने का सन्देश देना कितना हास्यास्पद और विडम्बना पूर्ण है?

''जिनका कोई घर नहीं होता
उनकी होती है भला कौन-सी जगह
कौन-सी जगह होती है ऐसी
जो छूट जाने पर
औरत हो जाती है।''

पुरुष की दृष्टि में नारी पर पहले भी पर्याप्त विचार हुआ है और आज स्त्री-विमर्श के युग में यह विषय तो वाद-विवाद-संवाद के केन्द्र में ही है किन्तु अनामिका ने इस प्रश्न को जिस तरह उठाया है उससे वह अत्यन्त मर्मस्पर्शी और अन्तरतम तक आन्दोलित करने वाला हो गया है—"पढ़ा गया हमको/जैसे पढ़ा जाता है कागज/बच्चों की फटी कापियों का/चनाजोर गरम के लिए लिफाफे बनाने के पहले/देखा गया हमको/जैसे कि कुफ्त हो उनींदे/देखी जाती है कलाई घड़ी/अलस्सुबह अलार्म बजने के बाद/सुना गया हमको/यों ही उड़ते मन से/जैसे सुने जाते हैं फिल्मी गाने/सस्ते कैसटों पर/ठसाठस्स ठुंसी हुई बस में/भोगा गया हमको/बहुत दूर के रिश्तेदारों के/दुःख की तरह।" (खुरदरी हथेलियाँ, पृष्ठ 13)। आज की स्त्री अपने अधिकारों को भली-भाँति जानने लगी है। अब वह प्रतिकार कर सकती है। इसीलिए अनामिका की स्त्री ने एक दिन कहा—"हम भी इन्सान हैं। हमें कायदे से पढ़ो एक-एक अक्षर/जैसे पढ़ा होगा बी.ए. के बाद/नौकरी का पहला विज्ञापन/.....सुनो हमें अनहद की तरह/और समझो जैसे समझी जाती है/नयी-नयी सीखी हुई भाषा।" (वही)। इस तरह अनामिका की कविताओं में जहाँ पुरुष-सत्ता के अत्याचारों से पीड़ित स्त्री का

दु:ख दर्द है वहीं उस पीड़ा से उबरने की छटपटाहट तथा स्वत्व की रक्षा के लिए मुँह खोलने, तर्क करने और संघर्ष-पथ पर गतिशील होने का साहस भी है। यह बात अलग है कि उसका यही साहस उसे पुरुष-दृष्टि में दुश्चरित्रा और कलंकिता की उपाधि भी दिलाता है। जाहिर है भारत जैसे देश में एक नारी का मानवीयता अर्जित करने का संघर्ष कम कठिन नहीं है। ऐसे में अगर अनामिका तथा अन्य स्त्रीवादी रचनाकार पुरुष मानसिकता में परिवर्तन का प्रकल्प आगे बढ़ा रहे हैं तो वह अत्यन्त प्रशंसनीय है। बहुत कुछ नहीं बदलने की स्थिति में अनामिका यह भी कहने से नहीं चूकती कि "हे परमपिताओं/परम पुरुषों /बख्शो, बख्शो अब हमें बख्शो।" (खुरदरी हथेलियाँ, पृष्ठ 14)।

भारतीय परिवारों के दमघोटू सामंतीय वातावरण में 'गृहलक्ष्मी' की यथार्थ स्थिति का समाकलन अनामिका के काव्य-संग्रह 'दूब-धान' की 'गृहलक्ष्मी' खण्ड की कविताओं में विद्यमान है। इस खण्ड की कुल 28 कविताओं में से कुछ को छोड़ अधिकांश कविताओं में गृहलक्ष्मी की प्रताड़ना के अनेक प्रकार हैं, विवशताएँ हैं, मजबूरियाँ हैं, अन्तर्द्वन्द्व तथा प्रवंचनायें हैं। निरन्तर हाशिये पर ढकेले जाने की रीति-नीति, नैतिकता और वर्जनायें हैं। कहीं विरोध और विद्रोह भी है लेकिन अलग-अलग दु:खों की टोकरी उठाये ढोलकों की थाप पर नाचने की विवशता भी है। चिट्ठी लिखती हुई औरत है तो आँचल और ब्लाउज के बीच दुलरुए दृढ़ चरित्र को बचाने की जद्दोजहद करती औरत भी है। अनामिका की कविताओं में समस्या है तो समाधान भी है। प्रश्न भी है और उत्तर भी है। कहीं-कहीं तो ऐसा प्रश्न है जो पुरुष-समाज के मुँह पर कालिख की तरह है जिसका शिवाय शर्मिन्दगी के कोई उत्तर नहीं हो सकता-जैसे 'चौदह बरस की सेक्स वर्कर' का यह प्रश्न—

"अंकल, तुम भारी बहुत हो!
अच्छा, एक चॉकलेट खिला दो!
अंकल, तुम्हारे भी बेटी है?
अच्छा, बोलो, उसका क्या नाम?
वह भी मेरे-जैसी मजेदार है क्या? -बोलो तो!
अंकल, करिश्मा सी दिखती क्या?
मुझको ये वाला स्टाइल सूट करता?
छोड़ जाओ, अंकल, यह जाँघिया!
पेट दुख रहा है कुछ मेरा-
होगा, अरे माहवारी का चक्कर ही होगा?

हटो परे, यह अपना झक सफेद शर्ट तो बचाओ!
हो जायेगा, लालमलाल अभी!
'सर्फ एक्सल है न! बोलेगा बीवी!
चुनरी में दाग लगेला क्या?

(दूब-धान, पृष्ठ-69-70)

संवाद के माध्यम से अनामिका ने पुरुष बर्बरता का जो बिम्ब यहाँ उपस्थित किया है वह कितना वीभत्स और कितना घृणित है। पुत्री की आयु की लड़की से वासना की आग बुझाने वाला पुरुष मानव-समाज के माथे पर कलंक नहीं तो और क्या है? वास्तव में जब तक पुरुष मानसिकता में बदलाव नहीं होगा तब तक बेटियाँ इसी तरह दली और छली जाती रहेंगी। अनामिका विषय-वासना और विलासिता में डूबे पुरुषों को शेर-चीता अजगर जैसा खूँखार मानती हैं जो नये-नये आखेट (स्त्री) की तलाश में रहते हैं और उनके दलन-दमन से स्त्री बुझी हुई धूनी बनकर रह जाती है। पुरुष की पशुता का यह चित्र उनकी 'मौन-दासी' कविता में इस प्रकार है—

"एक गुफा है
मेरे नाभी के नीचे!
अपनी ही खूँखारिता से थके
शेर-चीते अजगर
आते हैं कुछ देर सोने यहाँ पर!
एक नये आखेट की खातिर
जाते हैं जब अगले दिन बाहर,
उनके वे टूटे नाखून, राल, केंचुल
एक अजब बहनापे से देखते हैं मुझे
मकड़ी के जालों से आती हुई
सूरज की पहली किरण
पड़ती है बुझी हुई धूनी पर!

(दूब-धान, पृष्ठ 66)

स्त्री के अर्थ को तलाशते हुए अनामिका देह और प्रेम जैसे विषयों की गहन पड़ताल करती हैं। नारी देह पर टिप्पणी करते हुए उन्होंने लिखा है—"देह क्या सचमुच ही औरतों की गर्दन में लटका हुआ ढोल है? मार-पीट, सती-दहन और बलात्कार लगातार झेलती हुई स्त्री कब पूर्ण व्यक्ति की तरह नि:शंक रह सकेगी?" स्त्री की

मुक्ति अथवा उसके पूर्ण व्यक्तित्व के विकास में बाधक तत्वों के विचार के क्षणों में अनामिका को कभी स्त्री स्वयं अपनी दुर्दशा का दोषी लगती है—

''खुद जिम्मेदार हैं औरतें अपनी दुर्गति की
पिटती हैं इस खातिर कि काम करती हैं पिटने का
लुटती हैं इस खातिर कि खुद ही देती हैं
अपने लक-दक से वे न्योता
आ बैल, हमें मार! आ बाघ हमें खा।''

(मन माँझने की जरूरत, पृष्ठ 12)

अनामिका का मानना है कि 'एकाध आवेशमूलक घटनाओं के साक्ष्य से यह नहीं समझना चाहिए कि स्त्रियाँ अपनी विशिष्ट दैहिक, मानसिक और भाविक संरचना पर गर्व नहीं करतीं। जो प्राकृतिक विशिष्टताएँ हैं, शर्मनाक वे नहीं, शर्मनाक आरोपित सामाजिक मानदण्ड हैं जो दोहरे हैं और जिन पर पुनर्विचार होना ही चाहिए ताकि विकास के अवसर सबको समान मिल सकें।स्त्री-आन्दोलन पितृसत्तात्मक समाज में पल रहे स्त्री-सम्बन्धी पूर्वाग्रहों से पुरुषों को क्रमिक असम्भव नहीं मानता। दोषी पुरुष नहीं, वह पितृसत्तात्मक व्यवस्था है, जो जन्म से लेकर मृत्यु तक पुरुषों को लगातार एक ही पाठ पढ़ाती है कि स्त्रियाँ उससे हीनतर हैं, उनके भोग का साधन मात्र।' ' (कविता में औरत, पृष्ठ 9)। यही कारण है कि उनके यहाँ पितृसत्तात्मक व्यवस्था के विरोध की ढेरों कविताएँ हैं। 'फर्नीचर', 'छप्पर की माला', 'चीख' आदि कविताओं में पुरुष वर्चस्व का प्रतिकार ही है। भामती और राधा की बेटियाँ उत्तर आधुनिक युग की बेटियाँ है। इसीलिए वे नयी और प्रगतिशील परम्परा के निर्माण के लिए संघर्षरत हैं। वे कृपा नहीं, प्रेम का प्रसाद भी नहीं लेंगी—"भामती की बेटियाँ/ग्रंथ अपने स्वयं रचेंगी/लगातार/इसी तरह/हर युग में।" (दूब-धान, पृष्ठ 24)। ग्रंथ अपनी प्रतीकात्मकता में समाज का संकेतक है। छोड़ गये तुलसी को खोजने पहुँची रत्नावली को अब तुलसी के झोले की दरकार नहीं है। अंशुमाली जिस तरह शाम को अपनी बची खुची किरणों को वापस अपने झोले में समेट लेता है उसी तरह वह भी खुद को अपने झोले में समेटने के लिए संकल्पित है। तुलसी का झोला तुलसी को मुबारक। अब वह अपने झोले में अपने संधान में अकेली निकलेगी—"मैं भी समेट रही हूँ खुद को/अपने झोले में ही/अब निकलूँगी मैं भी/अपने संधान में अकेली/आपका झोला हो आपको मुबारक/अच्छा बाबा, राम-राम।" (वही, पृष्ठ 21)। रत्ना की यह आवाज वस्तुतः वर्तमान समय की स्त्री की आवाज है।

अनामिका के स्त्रीवाद में करुणा और मैत्री के लिए पर्याप्त अवकाश है। उसी से दुनिया हर रूप में सुन्दर होगी। आम्रपाली का मान रखते हुए बुद्ध ने यही तो कहा था—"रह जाएगी करुणा, रह जाएगी मैत्री/बाकी सब ढह जायेगा।" यही कहना है अनामिका का भी।

□□